先輩保育者がやさしく教える

ハッピー保育books②

3・4・5歳児担任の保育の仕事まるごとブック

神長美津子／監修

永井　裕美／著

ひかりのくに

監修のことば

　以前、保育現場に20年ほどいたころに比べ、社会の変化に伴い、保育現場も変化していっています。子どもや保護者のあり方も、時代とともに変わってきています。その状況を受け、2008年3月に、幼稚園教育要領・保育所保育指針が改訂(改定)されました。保育者の資質向上が求められ、保育者自身も専門性を高めなければなりません。

　保育経験のある先輩保育者から新任の先生へ向けたアドバイスがいっぱい詰まった本書が、新任の先生の資質向上の一助となればと思います。

神長美津子

編集にあたって

　子どもが好きで保育者を志したけれども、実際の保育のたいへんさに、とまどいや悩みを一気に抱えてしまった新任の先生方も多いことでしょう。そんな先生方にとっては、先輩保育者に聞きたいことがたくさんあると思います。先輩も同じ経験をしていたのか、どんなふうに乗り越えてきたのか……。

　本書では、同じような悩みや迷いを抱えていた先輩保育者から、新任および経験の浅い先生方へ、保育者として知っておいてほしいこと、押さえておいてほしいこと、よく悩むことへのアドバイスを紹介しています。イラストを見て、「こういうことって、あるある」と、保育場面をイメージしながら読み進められるので、より身近に感じていただけると思います。若い先生が楽しみながら研修できる本として、ベテランの先生もぜひご覧ください。

　本書のアドバイスは、ひとつのヒントにすぎません。それぞれに異なる多くの子どもたちを前にして、「こんなとき、自分ならどうする?」と、考えながら読んでみてください。自分のクラスの子どもたちの姿を思い描くことが、あすの保育へとつながります。保育には保育者自身の人柄、感性がそのまま出ます。アドバイスを参考にしてポイントを押さえながら、目の前の子どもたちを大事にした、自分なりの保育を目ざしましょう。

　クラスの担任を任されれば、一年目でも保育のプロとして見られます。子どもを預かり、育てる仕事ですから、楽しいことばかりではありません。でも、プレッシャーや失敗に悩んでいるのは、自分ひとりだけではないということも、心のどこかに留めておいてください。

　本書が現場の先輩からのメッセージとして、毎日子どもと向き合い奮闘する、先生方の応援と手助けとなりますように。

編集部スタッフ一同

本書の特長と使い方

※「知っておこう①〜③」では、保育者としてまず心得ておきたいことを、「実践シミュレーション①〜④」では、具体的な実践アドバイスを紹介しています。状況や場面によって、知りたい所からご覧ください。

クイズ感覚で楽しみながら、保育の力をつけましょう!

実践シミュレーションでは……

❶保育で困った場面のイラストを見る
保育場面全体をとらえて、何に対して困っているのかが直感的にわかるように、ページ全体を使ったイラストで見せています。さまざまな場面・状況のイラストを見て、保育で起こることをイメージしてみましょう。
※本書のイラストは一例です。園によって環境やようすは異なります。

❸アドバイスを読んで、保育を実践するときの参考にする
実際に保育を行なっている現役先輩保育者からの、経験に基づいたアドバイスです。**実践アドバイス**として、なぜそうするのか、どんな効果が期待できるのかといった具体的な理由なども記述しました。

❷自分ならどうするか考えてみる
経験の浅い保育者にありがちな、保育現場における困ったケース(**Case**)を100通り想定しています。**アドバイス**を読む前に、自分ならどうするか、シミュレーションしてみましょう。自分で考える力がつきます。

知っておこう・付録では……

保育者として必要な知識・感覚
子どもの年齢ごとの発達の特徴、保育室環境の準備、保育者としての心構え、けがや病気のときの対応、指導計画についてなど、保育者として身につけておけば必ず役にたつ内容も掲載しています。

もくじ

先輩保育者がやさしく教える　ハッピー保育books❷
3・4・5歳児担任の保育の仕事まるごとブック

監修のことば／編集にあたって ……………………………… 2
本書の特長と使い方 ………………………………………… 3

知っておこう① 知っておこう！ 子どものこと …… 7

3～5歳児の発達の特徴 ……………………………… 8
4月初めの保育室環境 ……………………………… 16
チェックシート ……………………………………… 18

知っておこう② 園の職員・社会人として …… 19

社会人としての保育者 ……………………………… 20
ふさわしいかっこうで ……………………………… 21
言葉づかい、あいさつ、電話の応対 ……………… 22
職場では積極的に …………………………………… 22
失敗をバネにして、次へ生かそう‼ ……………… 23
報告・連絡・相談 …………………………………… 24
まねをすることから自分のものに ………………… 25
ストレス発散の勧め ………………………………… 26

知っておこう③ 保育者としての責任感 …… 27

保育が始まる前の準備（保育室内） ……………… 28
安全面の確認（園庭） ……………………………… 29
保育後のかたづけや掃除 …………………………… 30
保育を通して成長していく ………………………… 31
自分をみがく才能 …………………………………… 32
大切な信頼関係 ……………………………………… 33
一日の保育を意味のあるものに …………………… 34

実践シミュレーション ① 日常保育の流れ Csae①〜⑯ ・・・・・・・・35

- (1) 登園時　朝からスッキリ! スタートのコツ ・・・・・・・・・・・・・・・・・・ 36
- (2) 朝の会　みんなそろって元気いっぱい! 集中力 ・・・・・・・・・ 40
- (3) 自由遊び　大好きな遊びを楽しもう! ・・・・・・・・・・・・・・・・・・・・・・ 44
- (4) 給食・お弁当　おいしく食べて、マナーもバッチリ! ・・・・・・・ 48
- (5) 降園時　楽しかったね! またあした ・・・・・・・・・・・・・・・・・・・・・・・ 52

実践シミュレーション ② 生活習慣を身につけよう! Csae⑰〜㉜ ・・55

- (1) 排せつ　おしっこ・うんちは焦らずに ・・・・・・・・・・・・・・・・・・・・・・・ 56
- (2) 清潔　きれいサッパリ! 気持ちいい ・・・・・・・・・・・・・・・・・・・・・・・ 60
- (3) 着脱　脱いで着替えて畳めるかな? ・・・・・・・・・・・・・・・・・・・・・・ 62
- (4) 午睡　規則正しい生活リズム ・・・・・・・・・・・・・・・・・・・・・・・・・・・・ 66
- (5) あいさつ・コミュニケーション　仲よしへの第一歩 ・・・・・・・ 68
- コラム　幼稚園と保育園 ――それぞれの違いと役割―― ・・・・・・ 72

実践シミュレーション ③ テーマを持って遊ぼう! Csae㉝〜㉠ ・・・・・ 73

● 運動遊びを楽しもう!
- (1) 導入　「みんな集まれー」のコツ ・・・・・・・・・・・・・・・・・・・・・・・・・ 74
- (2) 振り付け　曲に合わせて、ダンス&体操 ・・・・・・・・・・・・・・・・・ 76
- (3) 遊びのルール　走って跳んで、追いかけっこ ・・・・・・・・・・・・・ 78

● 歌遊び・リズム遊びを楽しもう!
- (4) 曲選び　子どもたちだって盛り上がりたい! ・・・・・・・・・・・・・・ 80
- (5) うたい方　じょうずにうたえば、カイカ〜ン! ・・・・・・・・・・・・・・ 82
- (6) リズム遊び　リズムに合わせて動いてみよう ・・・・・・・・・・・・・ 84
- (7) 楽器遊び　楽器も鳴らしてみたいでしょ? ・・・・・・・・・・・・・・・・ 86

● 製作遊びを楽しもう!
- (8) 環境・準備・導入　準備OK! さあやってみよう! ・・・・・・・・・ 88
- (9) ハサミ・のり　ルールを決めて、チョキチョキペタペタ ・・・・・ 90
- (10) 進行　じっくり集中マイペース ・・・・・・・・・・・・・・・・・・・・・・・・・・ 92

もくじ

⑾ お絵描き　保育者の考えと子どもの気持ち ………………… 94
⑿ 立体製作・共同製作　みんなでレベルアップ! …………… 96
● 自然遊びを楽しもう!
⒀ 栽培・飼育　育ててみて初めてわかること ………………… 98
コラム　虐待・障害がある可能性は?──園としての対応── ‥ 102

実践シミュレーション④　**一年間の保育の流れ** Csae㉛〜⑩ …… 103

⑴ 入園式　幼稚園・保育園は楽しい所 ………………………… 104
⑵ 誕生会　みんなで盛り上げよう! …………………………… 106
⑶ 身体計測・健康診断　大きくなったね! 元気だね! ……… 108
⑷ 避難訓練　慌てないための万一の備え ……………………… 110
⑸ 家庭訪問　家庭のようすを知るチャンス …………………… 112
⑹ 保育参観　保育のようすを見てください …………………… 114
⑺ 個人懇談　聞きじょうずになろう! …………………………… 116
⑻ クラス懇談会　保護者交流の雰囲気づくり ………………… 118
⑼ こどもの日　意味のある行事にしよう! ……………………… 120
⑽ 園外保育　楽しい遠足にするために ………………………… 122
⑾ プール開き　プール遊びが始まるよ ………………………… 124
⑿ 敬老の日　おじいちゃん・おばあちゃん、大好き! ………… 126
⒀ 運動会　成功の秘けつは、日ごろの保育から ……………… 128
⒁ 作品展　テーマが決まれば道は開ける ……………………… 132
⒂ お楽しみ会　サンタさん来るかな? …………………………… 134
⒃ もちつき　みんなでペッタン楽しいよ ………………………… 136
⒄ 発表会　クラスとしての一体感 ……………………………… 138
⒅ 一日入園　園の良いところをアピール ……………………… 140
⒆ 修了式・卒園式　「おめでとう」そして「ありがとう」 ……… 142
付録①　いざというときのために! ……………………………… 144
付録②　指導計画って何? ……………………………………… 150
付録③　先輩保育者から新任保育者へのメッセージ ………… 158

Staff● イラスト　いわいざこまゆ／● 本文レイアウト　永井一嘉／● 企画・編集　長田亜里沙・安藤憲志・永井一嘉・永井裕美／● 校正　堀田浩之

知っておこう①

知っておこう！ 子どものこと

　4月からいよいよ新年度の保育がスタートします。その前にクラスの担任として、子どもたちの年齢ごとの発達の特徴を把握し、保育室の環境などもしっかりと準備しておきましょう。

3〜5歳児の発達の特徴

※赤色の点線内は、『改定保育所保育指針について』(厚生労働省雇用均等・児童家庭局保育課)より抜粋。

3〜5歳にかけて、子どもの脳や体はどんどん発達していきます。幼稚園や保育園で生まれて初めて経験する集団生活の中で、人間関係や社会のルールにふれ、生活習慣も身につけるなど、人として成長するうえでとても重要な時期です。

ここでは、子どもの年齢ごとの発達の具体例を紹介します。

新指針 第二章 子どもの発達・2 発達過程

おおむね3歳

- 基本的生活習慣の形成。
- 話し言葉の基礎の形成。知的興味・関心の高まり。
- 友達との関わりが増えるが平行遊びも多い。
- 予想や意図、期待を持った行動。

○うがい・手洗い、歯みがき、顔洗い、おしっこやうんちなどの、基本的生活習慣が形成されます。

「せんせー！でたよー!!」

「これなあに？」

○簡単な話の内容がわかるようになり、友達との会話もかなりできるようになります。

「うさぎさーん」「ぴょんぴょん」

○ 自分の家でのできごとや会話などの生活経験をごっこ遊びの中に取り入れたり、興味を持った友達の行動を模倣したりして遊びます。持続時間も長くなります。

○ 友達といっしょに遊ぶことが楽しくなり始め、物を分け合ったり、貸し借りしたりできるようになりますが、同じ場所にいても、まだ個々の遊びをしていることも多いです。

○ 自分の欲求を伝えたり、「これはなに？」「どうして？」などと質問が増えたりして、その内容を理解しようとしたり、結果を予想したりできるようになります。

知っておこう① 知っておこう！ 子どものこと

3〜5歳児の発達の特徴

新指針 第二章 子どもの発達・2 発達過程

おおむね **4** 歳

- 全身のバランス力、体の動きが巧みになる。
- 自然など身近な環境への関わり方や遊び方を体得。
- 自意識の高まりと葛藤の経験、けんかが増える。
- 感情が豊かになり少しずつ自分を抑えられるようになる。

○全身のバランスがじょうずに取れるようになり、自分の思うように体を動かすことができます。

○○○をしながら○○をするなど、異なる二種以上の行動を同時に行なうことができようになります。

○自然物や遊具など、自分の身近にある物の特性を知り、使い方やかかわり方、遊び方などを体得していきます。

○ 自意識が芽生え、ほかの人の目を気にするようになり、自分と他人との区別がはっきりしてきます。

○ 他人を意識するあまり、今までのように無邪気にふるまうことができないこともあります。

○ 物にも心があると思い、人形や身の回りにある物に話しかけたりします。そこから空想や想像の世界が広がっていきます。

○ 不安やつらさなど、葛藤することを経験していきます。友達とのトラブルが増えますが、少しずつ自分の気持ちを抑えたり、がまんしたりできるようにもなります。

3〜5歳児の発達の特徴

新指針 第二章 子どもの発達・2 発達過程

おおむね5歳

- 基本的生活習慣の確立。
- 運動遊びをしたり、全身を動かして活発に遊ぶ。
- 仲間とともに遊ぶ中で規範意識や社会性を体得。
- 判断力・認識力の高まりと自主性・自律性の形成。

○衣服の着脱、排せつなどがほぼ自分ででき、前後左右がわかるようになり、基本的生活習慣は確立されます。

○ボール遊びや縄跳び、鉄棒など、運動器具をじょうずに使えるようになります。

○物事を考えて行動するようになり、自分でおかしいと思うことは言葉で表現するようになります。目的を持って行動を起こし、結果も気にするようになります。

○友達の存在が大切になり、同じ目的で数人がまとまって行動したり、集団としての機能が発揮されたりするようになります。

○自分の思いを言葉で表現して、人の話を聞く力も身につけます。友達と共通のイメージを持って遊べるようになり、欲求のぶつかりあいやけんかが起きても自分たちで解決しようとするなど、社会生活に必要な能力を身につけるようになります。

知っておこう① 知っておこう！ 子どものこと

3〜5歳児の発達の特徴

新指針 第二章 子どもの発達・2 発達過程

おおむね6歳
- 滑らかで巧みな全身運動、意欲旺盛で快活。
- 仲間の意思の尊重、役割分担や協同遊びの展開。
- 経験や知識を生かし、創意工夫を重ねる。
- 思考力や認識力の高まり、自然・社会事象、文字などへの興味・関心の深まり。
- 自立心の高まり。

○全身運動が滑らかになり、音楽に合わせて元気に踊ったり、大縄跳びやボール遊びなどを楽しんだりします。

○手先が器用になり、チョウチョ結びや穴にひもを通すなどの細かいことができるようになります。

○好きな遊びを好きな友達と楽しみ、その中で役割分担をして、集団としての遊びをします。

○小さい子どもに対して世話をしたくなるなど、思いやりの気持ちも出てきます。

○ 物事を判断して、自分や友達の思いを大切にしようとします。

○ 自分の周りのでき事を理解したり判断したりして、自分でアレンジしたものをごっこ遊びに取り入れるようになります。自分たちでルールを決めて遊びます。

○ 身近なことや自然現象などにも興味・関心を持ち、質問や疑問が増えていきます。

○ 文字を書いたり本を読んだり、文字に興味を持つようになります。

○ 身近な保育者に甘えて気持ちを休めることもありますが、いろいろな経験を積んでたくましくなり、自分で挑戦したり判断したりしながら成長していきます。

4月初めの保育室環境

入園・進級した子どもたちが楽しく過ごせるように、明るく整理整とんされた保育室を心がけて、いつでも遊べる場所も作っておきましょう。自分の居場所があるだけで、子どもたちはホッとします。

ままごとコーナー

- じゅうたんや畳など、座って遊べる場所を確保。
- エプロンやスカートなど、身につけて遊べるもの。
- コップ・お皿などの容器を入れるかごや空き箱を用意して、表示をつける。かたづける場所にも表示をつける。
- 机やイスの準備。牛乳パックや段ボール箱を利用して作ってもよい。

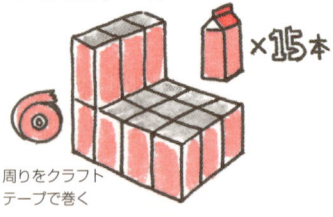

×15本

周りをクラフトテープで巻く

ブロックコーナー

- じゅうたんやござを用意。
- ブロックをきれいにふいて、箱に入れておく。

個人ロッカー・絵棚

- 個人ロッカー、子どもが描いた絵を入れる棚、タオル掛けに、個人名と個人マークをはる。

保育者の個人絵本・楽譜

- 項目ごとに並べるなど、使いたいときにすぐ出せるように整理しておく。

製作いろいろコーナー

- フェルトペンやクレヨンなど、色が出るか確認したり、色をそろえたりして、箱などに入れて使いやすくする。
- 机の汚れを気にせず、存分に遊べるように、下に敷く紙などを用意しておく(新聞紙を何枚か重ねて、周りをクラフトテープで留める)。

- 廃材を入れる箱を用意して、牛乳パックやペットボトルなどを入れて、いつでも使えるようにしておく(牛乳パックやペットボトルのマークをつける)。

壁面

- 4月の季節感あふれる壁面と、入園・進級の言葉をはる。

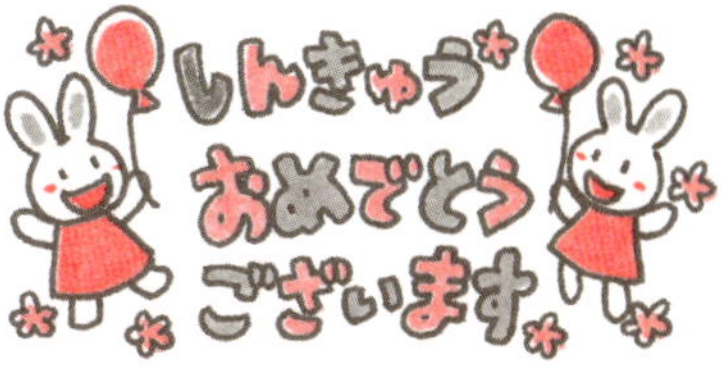

絵本コーナー

- 季節の絵本や年齢に合った絵本、子どもの好きそうなキャラクター絵本などを用意しておく。
- 絵本を置く棚やしきりを用意して、ほかの場所と切り離した空間が保てるように工夫する。

知っておこう① 知っておこう! 子どものこと

チェックシート

一年のスタートを切るにあたって、準備状況が把握できるように、自分用のチェックシートを作っておくといいですね。

- [ ] 保育室の壁面(「ご入園おめでとう」「進級おめでとう」)
- [ ] 誕生表
- [ ] 子どもの名前とマークをはる(ロッカー、靴箱、タオル掛け、着替え袋掛け)
- [ ] おたより帳(はんこ押し、名前とシール)
- [ ] 名札
- [ ] 出席簿
- [ ] 健康記録帳
- [ ] 指導要録などの記入
- [ ] 4月のおたより
- [ ] ハサミ・のり、製作時に敷く紙、フェルトペン・クレヨンなどの確認
- [ ] 遊びのコーナー(絵本、ままごとの道具、お絵描き・ぬり絵・シールはりなど、ブロック、積み木)
- [ ] 遊び道具をかたづける場所のマーク・表示
- [ ] 掲示板
- [ ] 日めくりカレンダー(出席シールをはるときに見たり、きょうの日にちを確認したりするため)

※園によって準備するものは違います。ここに挙げた以外にも必要な項目があれば書き出して、ひとつずつチェックしていきましょう。

知っておこう②

園の職員・社会人として

周りの人からは、職員ひとりひとりが「○○園の人」として見られます。社会人としての常識やマナーも身につけておく必要があります。
職場での対応にも気を配り、仕事とプライベートを切り替えられるようにしましょう。

社会人としての保育者

　保育者を目ざしたきっかけは、「子どものころからの夢だった」「子どもが好きだから」など、人によって理由はさまざまだと思います。保育者を選んだかぎりは、保育のプロ中のプロになれるように勉強をしたり、経験したことを生かしたりしてがんばっていきましょう。

　保育の現場には子どもだけではなく、同期や先輩の保育者、園長先生、主任の先生など、たくさんの職員がいます。自分がいちばん下で、教えていただく立場にあるということを自覚して、謙虚な気持ちと姿勢を忘れないようにしましょう。

　保育者としてだけではなく、社会人としてのマナーもしっかりと身につけておきましょう。元気良くあいさつや返事をすることはもちろん、出勤時間より少し早めに来て保育の準備をする。提出物の期限は守る。任された仕事はすばやく取りかかり、最後までやり遂げる。かってに判断して事を進めない。会議があれば資料に目を通しておくなど、最低限のことはできるようにしておきましょう。

ふさわしいかっこうで

　通勤服や保育時の服装は、思いのほか多くの人に見られています。清潔感があり、かわいらしさも感じられるような服装を心がけたいものです。仕事用とプライベート用の服装は分けるようにしておきましょう。

　子どもが好きそうなイラストがついているトレーナーやTシャツを着ていると、「せんせいのふく、かわいいね」と、子どもたちが鋭い観察力を発揮して話が弾みます。

　保育中に気をつけることとしては、髪が長い場合はくくり、つめは短く切ります。アクセサリーも外しておくなどし、すっきりとさせましょう。

知っておこう② 園の職員・社会人として

言葉づかい、あいさつ、電話の応対

電話の応対、保護者との会話、職員間の会話などで、言葉づかいは非常に重要です。友達同士で話しているわけではないので、ていねいに、目上の人と話す言葉を選びましょう。

職場では積極的に

社会人になって、「よく気がつく」と言われる人と、「全然気が利かない」と言われる人がいます。よく気がつく人は周りをよく観察していますし、流れを読んで、先に何をするべきなのか見通しがたてられます。逆に気が利かない人は、かってに判断して物事を進めてしまったり、みんなが忙しそうにしていてもマイペースで、積極的に動こうとしなかったりします。

自分が何をしたらいいのかがわからないときは、なんでも聞いていくことが大切です。「何をしたらいいですか？」「お手伝いすることはありますか？」などと、自分からどんどん仕事をもらって覚えていきましょう。

失敗をバネにして、次へ生かそう!!

　仕事に失敗はつきものです。特にまだ経験の浅い保育者は日々失敗の連続で、思わず落ち込んでしまうときもあるでしょう。子どものことや人間関係など、悩みは尽きません。でも、失敗することを恐れて消極的になっていては何もできません。その経験をバネにして、次へと生かせるようにしていきましょう。

　なぜ失敗したのかをよく考えてみます。保育案は毎日書きますが、失敗したことや良かったことなどもつけ加えて、記録を残しておくことをお勧めします。説明不足や確認不足など、思い当たることはないですか？　それを反省すれば、次は必ずうまくいくはずです。

報告・連絡・相談

よく「報・連・相」が大切と言われますが、幼稚園・保育園では特に重要視されます。

園内で気になることがあれば、必ず園長先生に報告しておきます。不足の事態に備えるという意味でも、園内で起こったでき事は、園長も含めてちゃんと把握していますという意思表示ができます。

保育中のけがや子ども同士のトラブルなどがあったときは、必ず保護者に連絡しましょう。

また、わからないことや自分ひとりで判断できないことは、先輩やほかの職員とも相談して、チームプレーで保育を行なうようにしましょう。

まねをすることから自分のものに

　ほかのクラスやよその園の保育を見て、これはいいなあと思ったことはどんどんまねをして、取り入れてみましょう。クラスの実態を考えて、少しアレンジしてみます。

　また、自分の話し方や導入のしかたがうまくいかず、子どもの乗りが悪かったり、保育がうまくいかなかったりしたときなども、本で見たことや先輩の話などを思い出して試してみましょう。

　ただし、まったく同じようにまねても自分のものにはならないので、自分なりに変えてみることが大切です。

ストレス発散の勧め

　テンションを上げて一日中子どもたちと接し、職員との関係に気をつかっていると、心身共に疲れてしまいます。休日はゆっくり家で過ごしたり、時にはパーッと遊びに行ったりして、ストレスを発散させることも必要です。

　その日の夜には気持ちを切り替えて、また翌日から仕事に取り組めるようにしていきましょう。

知っておこう③
保育者としての責任感

　保育者にはやるべきことがたくさんあります。使いやすさや安全面を考えて工夫したり、自分をみがく努力をしたりして、仲間との信頼関係を築きながら、プロとしての自覚と責任感が持てるようにしていきましょう。

保育が始まる前の準備（保育室内）

　子どもたちが登園してくるまでに、やるべきことはたくさんあります。まずは保育室の準備です。おたより帳にシールをはるのであれば、シールの数を数えたりカレンダーで日付を確認したりしましょう。コップやタオル掛けはあるか、個人マークがはがれていないかチェックします。回収するものがあれば、かごや箱を用意して、わかりやすい場所に置いておきましょう。

　登園後に室内で遊ぶ場合のスペースも整えましょう。ままごとや積み木、お絵描きコーナーなど、材料を用意したり、机やイスやござを出しておいたりします。子どもたちが登園してきて、スムーズに行なえるように考えてみましょう。

安全面の確認（園庭）

　園庭の安全確認も忘れないようにしましょう。固定遊具のネジが取れていたり、ぐらついたりしていないか、遊具が壊れていないか、雨でぬれたままになっていないか、ネコのふんが落ちていないか、子どもたちが育てている植物があるなら、水やりの準備はできているかなど、自分から動いて確認できるようになるまではまだまだ時間がかかると思いますが、人任せにせず、積極的に行なって、早く仕事を覚えていきましょう。

保育後のかたづけや掃除

　保育終了後、保育室やトイレの掃除をします。昼食の後、保育室は子どもといっしょに掃除をしますが、最後にもう一度掃除をして、一日のかたづけをしましょう。絵本を整理したり、使ったものは元の場所に戻したり、汚れた所はぞうきんできれいにふいたりと、終わってからもやるべきことはたくさんあります。

　日ごろから保育室の整理整とんをしておき、使った物はかたづけやすいように表示をつけて、子どもにも場所がわかるようにしておくと、ずいぶん時間が短縮されます。地震が起きたときのことも考えて、物は高く積み上げないようにしましょう。配置や高さを見直してみてもいいですね。

保育を通して成長していく

　日々の保育をする中で、保育者を成長させてくれるのは子どもたちです。子どものさりげない言葉や行動、子どもたちとの話し合い、行事を経験した後の心身共に成長した姿など、ありとあらゆることが勉強になり、今後の保育に生かせるものばかりです。どうしようかと悩むことも多々あると思いますが、子どもたちの元気な声を聞いたり、明るい笑顔を見たりすると、"よし、きょうもがんばるぞー！"という気持ちになってくるはずです。

　失敗や成功を繰り返しながら、一年ずつ成長して歩んでいくのです。子どもたちと共に笑ったりうたったり、元気良く追いかけっこやままごと遊びなどをしたりして、かかわりを大切にしていきましょう。確実に変わっていく自分がいます。

自分をみがく才能

　保育が上達するには、自分でもがんばるべきことがたくさんあります。絵本の読み聞かせが苦手な人は、じょうずな保育者を参考にしたり、研修にも出かけたりしましょう。ピアノが苦手な人は、ピアノが止まらず弾けるように練習して、子どもたちがうたいやすい伴奏や音の高さを考えます。子どもたちの心を引きつけるための話し方も工夫して、手作り教材を作ることなどもしてみましょう。

　自分の課題が見つかったら、それを克服するための努力をしますが、努力ができるということは、プロにとって必要な、自分をみがく才能があるということです。

大切な信頼関係

　子どもや保護者、職員同士など、人と人とのつき合いは複雑で難しいことも多いですが、現場でそんなことは言っていられません。

　子どもに対しては、上から目線で接するのではなく、しっかりと話を聞いてあげたり、時にはだっこしたりしてスキンシップを図り、保育者が自分たちのことをしっかりと見てくれている、わかってくれていると思ってもらえるように配慮しましょう。そんな子どもたちの姿を見れば、保護者も安心して子どもを任せてくれるでしょう。

　保護者と話す機会があれば、どんどん話しかけておくことです。経験の浅い保育者は、まずは笑顔と一生懸命さが伝わればOKです。

　職員同士でも、保育のことを相談したり、時にはいっしょにごはんを食べに行ったりして、できるだけ友好関係を築いていきましょう。自分が困ったときに助けてもらえます。

一日の保育を意味のあるものに

　日々あったことは保育日誌にも記入しますが、楽しかったことや困ったこと、自分で気がついたでき事などは、同僚や先輩、園長先生に話してみましょう。いっしょに楽しんでもらえたり、いろいろな意見が出たりして盛り上がり、保育が広がるヒントになるかもしれません。

　年間計画、カリキュラム、週案、日案、教育課程など、書類上で書くことはたくさんありますが、理想や計画だけで終わらせないように、子どもたちの状態、クラスの実態にあった保育を目ざして、充実した、意味のある保育だったと言えるようにしていきましょう。

実践シミュレーション ①
日常保育の流れ
Case ①〜⑯

　日常保育については、子どもたちもすぐに慣れていくとは思いますが、新しい環境になった4月初めごろは、まだ不安定です。
　特に新入園児にとっては、初めて経験することばかりですから、十分な配慮が必要です。

1-(1) 登園時 Csae①②③
朝からスッキリ! スタートのコツ

　一日のスタートはスッキリといきたいところですが、4月初めごろはまだ新しい環境に慣れていないせいか、あいさつが緊張ぎみだったり、身支度にもたついたりする子どももいます。よくある朝の風景、あなたならどうしますか？
　保育者が積極的に声をかけて、笑顔でコミュニケーションを図りましょう。

😖 どうしよう？

Case ① 泣きながら登園してきたり、それまでは平気だったのに、園庭や保育室に入ったところで泣きだしたりしてしまう。保護者から離れない。 ▶ アドバイス **A①**

Case ② 子どもに「おはよう」と声をかけても、無視したり恥ずかしそうにうつむいたりして、あいさつを返してくれない。 ▶ アドバイス **A②**

Case ③ 保育室に入っても何もしようとせずに、その場にボーッと立ったままだったり、友達と遊んでかたづけがなかなか進まなかったりする。 ▶ アドバイス **A③**

実践シミュレーション ① 日常保育の流れ　37

1-(1) 登園時
朝からスッキリ！スタートのコツ

Case ① のときは… Advice 1

😊 無理強いしない

「どうしたの？」と優しく声をかけて、ようすを見ながら保育室に連れて行きましょう。保護者から離れたがらないようなら無理強いはせず、もし可能なら、子どもが落ち着くまでしばらくいっしょに過ごしてもらえるようにします。

絵本 いっしょに 読もうね

しばらく いっしょに いるからね！

良かったね

実践アドバイス

　保護者と別れたくない子どもを無理矢理引き離すと、その保育者のことが嫌いになってしまうかもしれません。保護者のつごうにもよりますが、しばらくの間保護者といっしょに過ごすことで、子どもは安心して園の雰囲気を観察して、保育者やほかにも友達がいることを理解するでしょう。子どもが落ち着いたら、後で必ず迎えに来ることを伝えて、保護者に帰ってもらうようにします。

　子どもの立場で考えると、わがままな要求を聞き入れてくれた保育者のことを、この人は自分の味方なんだと認識して、信頼感を持ってくれるでしょう。

Case ❷のときは… アドバイス 2

😊 目を見てあいさつ

子どもの目を見て名前を呼びながら、元気良くあいさつをしましょう。また、握手をしながら子どもの顔色や体温、けがやあざがないかなどの健康観察も行ないます。

実践アドバイス

入園したばかりの3歳児なら特に、まだあいさつの生活習慣が身についていなかったり、人見知りして恥ずかしがったりするのは当然です。

目を合わせて名前を呼ばれることで、子どもは保育者が自分の存在に対して向き合ってくれていることを自覚します。さらに握手でスキンシップを図れば、子どもも心を開いてあいさつしやすい気持ちになります。

子どもが保育者に対して信頼感や安心感を持てるように、毎日積極的に声をかけましょう。

（○○ちゃん おはよう!!）
（顔色良し！ 熱はない？）

Case ❸のときは… アドバイス 3

😊 子どもに気づかせる

「かばんの中に何が入ってる？ ロッカーに入れようか」「早く遊びたいよね。がんばってかたづけをしたら、たくさん遊べるよ」などと言葉をかけて、登園したらまず自分の持ち物をかたづけるということを気づかせましょう。

実践アドバイス

個人差はあるものの、入園当初は何をするべきかがわからないのがあたりまえです。毎日コツコツと声をかけて、朝の流れを知らせていきましょう。慣れてきたらひとりでどこまでかたづけられるかようすを見て、場合によってはことばがけをします。

また、保育室に入ったとたん、友達が楽しそうに遊んでいる姿を見ると、つい気持ちが遊びへと行ってしまいます。持ち物をかたづけないと、後で自分が困ってしまうことを伝えましょう。

（かたづけが終わったら遊ぼうね）

実践シミュレーション ① 日常保育の流れ

1-(2) 朝の会 Csae④⑤⑥⑦
みんなそろって元気いっぱい! 集中力

みんながそろったら出席調べを行ないますが、どこに座るのかがわからなかったり、保育者の話に集中していなかったりする子どももいます。まずは元気な声で返事をしてもらうことで、これからこのクラスでの活動が始まるということを、子どもに自覚させたいところです。

😟 **どうしよう？**　　　　　　　　　　　　　　　　　　　　　　　😊 **次頁へ**

Case④ どこに座ったらいいのかがわからなかったり、ほかの子どもに遠慮したりして、イスを持ったままウロウロしている。　▶ **A④**（アドバイス）

Case⑤ 「〇〇ちゃんのとなりにすわりたい」など、座る場所を巡ってトラブルになる。　▶ **A⑤**（アドバイス）

Case⑥ 出席調べでまったく返事をしなかったり、わざと間延びした元気のない返事をしたりする。　▶ **A⑥**（アドバイス）

Case⑦ 友達としゃべったり、遊んでふざけたりして、保育者の話を聞いていない。保育者のことを見ていない。　▶ **A⑦**（アドバイス）

実践シミュレーション① 日常保育の流れ

1-(2) 朝の会
みんなそろって元気いっぱい！集中力

Case❹のときは… Advice 4 アドバイス

😊 目印を置こう

保育者が目印になるイスをいくつか置き、その後子どもが並べて座るようにすると、考えながら動いたり、全体を見る力がついてきたりします。イスはコの字形や半円形など、保育者から全員の顔が見えるように並べましょう。

実践アドバイス

最初のうちは保育者が前もってイスを並べておいて、慣れてきたら保育者が指示をしながら、子どもたちといっしょに並べていきます。

保育者の合図でしぜんに並べられるようになっても、中にはまだ幼かったり内気な性格だったりして、自分で座る場所が決められない子どもがいるかもしれません。保育者が言葉をかけて、空いている場所を教えてあげましょう。できるだけ保育者の近くに座らせてあげるなど、子どもが安心できる配慮も必要です。

「ここから順番に並べていってね」
「はーい！」

Case❺のときは… Advice 5 アドバイス

😊 目先を変えてみる

反対側が空いていれば3人で並んで座ればよいのですが、そうでなければ目先を変えて、「お昼ごはんのときに交代しよう」という約束をするなど、お互いに納得できるようにしましょう。

実践アドバイス

子どもは目の前のことに精一杯で、反対側が空いていても気がつかない場合があります。落ち着いて全体が見えるようになってくると、こういったトラブルも減っていくでしょう。

お互いに譲らないようなら、保育者が間に入って話を聞き、約束事を決めて、時にはがまんをする必要があることも知らせていきましょう。

「なるほど！」「！」
「お弁当のときに交代するのはどう？」

Case❻のときは… Advice❻ アドバイス

😊 返事しやすい工夫

慣れるまでは「手を挙げるだけでもいいよ」と、子どもがやりやすい方法にしたり、「○○君のかっこいい返事が聞きたいな」などとその気にさせたりして、子どもが元気な返事をしやすくなるような工夫をしましょう。

実践アドバイス

恥ずかしくて返事ができない、てれ隠しのためにわざとふざけた返事をするなど、人前で声を出すのは、子どもにとってプレッシャーがかかるものです。リラックスできるような楽しい雰囲気づくりをしたり、保育者自身が自己紹介や元気な返事をして見せたりするなど、みんなもやっているからだいじょうぶだという安心感を持たせるようにしましょう。

無理強いはせず、自発的に返事ができるようになるまで、長い目で見守ることが大切です。

Case❼のときは… Advice❼ アドバイス

😊 意識をこっちに向けさせる

最初に歌や手遊び、パペットなどで、子どもたちの意識を保育者に向けさせましょう。保育者のリードで保育が進んでいくということを、保育者自身が自覚することが大切です。

実践アドバイス

子どもが友達といっしょに座ったら、さっそく遊んだりしゃべり始めたりするのは普通のことです。頭ごなしに「静かにしなさい」と言ってみたところで、怒られていても何がいけないのか理解できません。保育者＝口うるさくて怖い人だと思われて、どんどん離れていってしまいます。

何か楽しいことが始まりそう……そんな期待を持たせてから話し始めると、最後まで集中して聞いてくれるでしょう（75ページアドバイス㉝・105ページアドバイス㊷参照）。

実践シミュレーション① 日常保育の流れ

1-(3) 自由遊び Case⑧⑨⑩⑪
大好きな遊びを楽しもう!

　子どもたちが自由遊びを楽しんでいるとき、保育者はそれぞれの遊びに加わりながら、仲間外れになっている子どもがいないか、けんかやトラブルになっていないか、安全面にも配慮しながら、全体をまんべんなく見て回ります。
　ほかの保育者や職員との連携も大切です。

😟どうしよう？

Case⑧ 遊ぼうとしていたおもちゃを、先にほかの子どもに取られてしまって泣きだす。友達が持っている物を奪おうとして、けんかになる。 ▶ アドバイス **A⑧**

Case⑨ 使った物をほったらかしたまま、次々と遊びを変えてしまう。かたづけの時間になっても遊び続ける。 ▶ アドバイス **A⑨**

Case⑩ ひとりでぼんやりとたたずんでいる。仲間に入りたいけれど、内気なために参加できない。 ▶ アドバイス **A⑩**

Case⑪ 順番を守らずに割り込もうとする。友達を押したりたたいたりしてしまう。すべり台のスロープを下から登ろうとする。 ▶ アドバイス **A⑪**

実践シミュレーション① 日常保育の流れ

1-(3) 自由遊び
大好きな遊びを楽しもう！

Case❽のときは…
Advice❽

😊 いっしょに言葉のやりとり
状況を把握するために、話をよく聞きます。同じ物がほかにないか確認して、ない場合は、貸してほしいときの言葉や友達とのやりとりを保育者といっしょに行なうことで、ルールを知らせていきましょう。

実践アドバイス
欲しい物は友達が使っていても奪い取る子ども、泣いて訴える子ども、「かして」と言われても貸さない子どもなど、園では家庭で経験しないようなことが起こるため、子どもたちもとまどったり、対処のしかたがわからなかったりします。「かして」と言われても、使い始めたばかりだと、子どもも貸したがりません。状況を見て、「後で貸してもらおうね」「使わなくなったら貸してね」などと言葉をかけておくと、案外早く貸してくれます（70ページアドバイス㉙参照）。

> いまは だめ！
> 後で借りてね、って聞いてみよう
> うん

Case❾のときは…
Advice❾

😊 ことばがけで意識づけ
「本が泣いているよ。本棚のおうちに返してあげよう」「かたづけ終わったら○○をするよ」などと、子どもの気持ちがかたづけに向くように言葉をかけましょう。使った物は元の場所にかたづけるということを、意識させていくことが大切です。

実践アドバイス
やみくもにかたづけろと言われても、子どもはグチャグチャに突っ込むだけです。かたづける場所にわかりやすく表示をつけておき、「ここのかごにマークがあるね。同じ物を探して入れよう」などと誘いかけて、いっしょにかたづけながら、物を大切にすることも伝えていきます。
遊びに疲れたり飽きてきたりしたころを見計らって、「先生とどっちが早くかたづけられるかな」「どこのグループが早くかたづけるかな」などと、競争するのもよいでしょう。

> 本が泣いているみたいだよ？
> あー！

Case⑩のときは… アドバイス⑩

😊ようすを見て気持ちを探る

子どもが何をしたいのかようすを見たり、そばに行って言葉をかけたりします。興味がありそうな遊びが見つかれば、「じゃあやってみようか?」と誘いかけてみましょう。

実践アドバイス

　無理に誘わずに、その子どもがどんなことに興味があるのかを探ります。ひとり遊びが好きなようなら、話を聞きながら見守り、いっしょに共感してあげましょう。自分の好きな世界を認めてもらえて自信を持ち、ほかの遊びにも積極的にかかわれるようになっていくかもしれません。

　遊びの仲間に入れてもらうときも、最初は保育者が「○○ちゃんも入れてあげてね」と働きかけて、しばらくいっしょに加わって遊ぶようにしましょう。

Case⑪のときは… アドバイス⑪

😊ルールを伝えてけじめをつける

遊びの中にも守るべきルールがあることを知らせていきましょう。子どもたちが安全に遊ぶためです。危険な遊び方をしていたら、なぜ危ないのかをわかりやすく伝えましょう。

実践アドバイス

　固定遊具での事故をニュースでよく耳にします。園で事故を起こさないためにも、遊具の使い方や友達を押すとどうなるかなど、子どもたち全員が共通理解できるように、4月当初からしっかりと指導していきましょう(85ページアドバイス㊹参照)。

　また、押されたり順番を抜かされたりした子どもの気持ちをそのつど伝えて、自分が逆の立場だったらどんな思いをするかなど、根気強く知らせていきましょう(71ページアドバイス㉛参照)。

実践シミュレーション① 日常保育の流れ

1-(4) 給食・お弁当 Csae⑫⑬⑭

おいしく食べて、マナーもバッチリ!

　食べ物の好き嫌いやスプーン・おはしの使い方、食事中のおしゃべりなど、食事に関する悩みは、それぞれの家庭でも、どこの園にでもあることです。保護者にも協力していただきながら、食事の時間が楽しいと思えるように、根気良く取り組んでいきましょう。

　最後までおいしく残さずに食べられたり、おはしがじょうずに使えたりしたときの満足感を、ぜひ味わってほしいものです。

Case⑭

Case⑬
Case⑭

Case⑬
Case⑭

※イラストでは給食になっていますが、各自お弁当を持参する園もあります。

😟 どうしよう?　　　　　　　　　　　　　　　　　　　　　　　　　　　　😊 次頁へ☞

Case⑫	食べ物の好き嫌いが多くて、嫌いな物は絶対口に入れない。少食で、いつも食べ残してしまう。	▶ アドバイス A⑫
Case⑬	いつも食べるペースが遅くて、食べ終わるまですごく時間がかかってしまう。	▶ アドバイス A⑬
Case⑭	姿勢が悪い、ひじをつく、お茶わんを持たない、おはしの持ち方がおかしい、食事中に席を離れるなど、マナーの悪い子どもが目だつ。	▶ アドバイス A⑭

実践シミュレーション[1]　日常保育の流れ　49

1-(4) 給食・お弁当
おいしく食べて、マナーもバッチリ！

Case⑫のときは… Advice12 食べる意欲がわく工夫

量を減らしたり味つけや調理方法や盛り付け方を変えてみたり、子どもに食べてみようかなという意欲がわくような工夫をしてみます。少しでも食べることができたら、大げさなくらいに褒めてあげましょう。

実践アドバイス

大人でも好き嫌いがあったりするのですから、まだ味覚の発達が乏しい子どもがそれを克服するのは簡単なことではありません。大事なのは、食事の時間が苦痛の時間にならないようにすることです。褒められたことで自信がつき、その後食べられるようになることもあります。

食が細い子どもの場合は、量よりも栄養のバランスを重視しましょう。残さずに全部食べきったという達成感を感じることで、食べる量も増えていくかもしれません。

Case⑬のときは… Advice13 見極めてことばがけ

なぜ遅いのか観察してみましょう。友達としゃべる、ぼんやり見ている、いつまでもかんでいる、食事中に席を離れるなど、理由がわかったら、それに沿ったことばがけや援助のしかたを考えていきましょう。

実践アドバイス

おしゃべりに夢中で食事に集中できないなど、時間がかかっても全部食べようとしているのであれば、保育者が「おはしが止まってるよ」「食べないなら、先生が食べようかなあ」などと優しく促すことで、意識を食事に向けさせます。

食べたくないから食が進まない場合は、アドバイス⑫のような工夫もしますが、食べる気がなくていつまでもダラダラと時間がかかるようなら、「もうごちそうさまにする？」と聞いて、終わらせてもよいでしょう。

Case⑭のときは… Advice14 アドバイス

😊 **楽しい食事はマナーから**

家庭での姿がそのまま現れます。みんなで楽しく、気持ち良く食事をするために、その場で声をかけて、気になるマナーは直していきましょう。

おはしを持つ方とは反対側の手でお茶わんを持ち（お弁当の場合は、弁当箱に手を添える）、ひじは机につけないようにします。

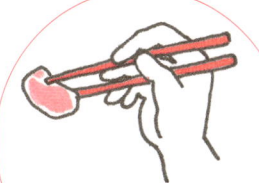

親指・ひとさし指・中指で、おはしを支えて挟むように持ちます。

※献立によっては、スプーンやフォークを使って食べる場合もあります。

足を床につけて、背筋を伸ばして座ります。

実践アドバイス

　食事のマナーはできるだけ早いうちに身につけさせたいものですが、園だけでは対処しきれません。園で気をつけていることを保護者に知らせて、家庭でも協力してもらうようにしましょう。
　声をかけるといっても、いちいち細かく注意するのは考えものです。子どもがうんざりしてしまっては意味がありません。「こうやって持って食べたほうがおいしいよ」「背中が曲がっていたらかっこ悪いよ」などと、子どもが前向きに意識できるようなことばがけをしていきましょう。

実践シミュレーション① 日常保育の流れ

1-(5) 降園時 Case⑮⑯
楽しかったね！またあした

　延長保育や預かり保育でしばらくの間園に残る子どももいますが、降園準備をして子どもたちみんなが集まったら、「あしたもまたいっしょに遊ぼうね」などと、期待を持って降園できるようなことばがけをしましょう。みんなで「さようなら」とあいさつをすることで、一日の保育を締めくくります。

Case⑮

せんせい まだー？

もう お帰りの 時間だよ〜

確認しなさいって言ってるでしょ！

忘れ物でーす！

待ってー

Case⑯

あ！ぼくのたおる

もー

Case⑯

あ！

○○えん

どうしよう？

Case⑮ 友達としゃべってばかりだったり、まだ遊びたいと言ったりして、降園準備をしようとしない。 ▶ A⑮

Case⑯ 園に忘れ物をして帰る子どもが多い。 ▶ A⑯

実践シミュレーション① 日常保育の流れ

1 -(5) 降園時
楽しかったね！またあした

Case⑮のときは… Advice 15

😊 降園前の楽しい演出
全員が降園準備を済ませると、絵本を読んだり歌や手遊びをしたり、楽しいことが待っていると知らせておきます。たまにはクイズや話し合いなど、変化を持たせてみましょう。

実践アドバイス
準備が遅い子どもには、みんなが待っていることや、全員がそろったら次の活動が始まることを知らせて、意識させましょう。

降園間近にテンションが上がって、大騒ぎをする子どももいます。なかなか降園準備をしようとせずにいつまでも遊びたがる子どもには、「きょう楽しかったことは何？」「またあした○○しようね」などと言葉をかけて、もうすぐ帰るということを納得させましょう。

Case⑯のときは… Advice 16

😊 みんなでいっしょに確認
降園準備ができたら、みんなで持ち物の確認をしてみましょう。「帽子はかぶっている？」「かばんは持った？」などと、ひとつひとつ触りながら確認するようにすると忘れ物が減ります。

実践アドバイス
友達としゃべりながら降園準備をしたり、ついうっかり入れ忘れたり、忘れ物の原因にはいろいろありますが、忘れ物ばかりしていると、保育者に対する保護者の信頼も薄らいでいってしまいます。

手遊びや歌などをアレンジして、「ぼうしぼうしは　どこでしょう？」「ここです　ここです……」と、降園前にみんなでうたって楽しく確認すると、忘れていた場合でも自分で気がつくことができます。

実践シミュレーション②
生活習慣を身につけよう！
Case⑰〜㉜

　集団生活をするうえで、基本的な生活習慣を身につけていくことは、子どもたちにとって避けては通れないことです。園で行なっている取り組みを保護者にも伝えて、園と家庭が連携・協力していけるようにしましょう。

② -(1) 排せつ Csae ⑰⑱⑲⑳

おしっこ・うんちは焦らずに

　男の子と女の子、家庭の事情によって洋式か和式か、3歳児ではまだオムツが外せない子どもがいる場合もあり、ひとりで排せつがどこまでできるかには個人差があります。ひとりひとりに合わせた対応をしながら、保護者とも連携しつつ、焦らずにじっくりと見守っていきましょう。

Case ⑰

・・・・
おうちと
ちがう

Case ⑱

😟 どうしよう?

Case⑰ 和式トイレで用が足せなかったり、逆に洋式トイレの使い方がわからなかったりする。うんちのとき、おしりがふけない。 ▶ アドバイス A⑰

Case⑱ トイレに行くのをいやがって、ずっとがまんしているが、結局漏らしてしまう。 ▶ アドバイス A⑱

Case⑲ まだオムツが取れていない子どもがいて、おしっこやうんちに行くタイミングがわからない。 ▶ アドバイス A⑲

Case⑳ ズボンとパンツを全部脱がないと、おしっこができない。 ▶ アドバイス A⑳

実践シミュレーション② 生活習慣を身につけよう!

2-(1) 排せつ
おしっこ・うんちは焦らずに

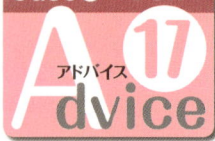

Case⑰のときは… Advice アドバイス 17

😊 トイレ体験ツアー
クラスの子どもたちを連れて行き、和式トイレ・洋式トイレそれぞれに座らせてみたり、保育者が見本を見せてあげたりしながら、ゆっくりとていねいに知らせていきましょう。

実践アドバイス
　最近は家庭でも洋式トイレが増えて、和式トイレをまったく使ったことがない子どももいます。しかし、公園や公共施設、学校など、まだまだ和式トイレが多く使われている所もあり、どちらも使えるようになっておいたほうが理想的です。
　慣れるまでは保育者が個室までいっしょに入り、優しく教えながら見守りましょう。子どもにとっては、おしりをふくことがまだ難しいようです。保育者が手を添えて、「こうやって畳んでまたふくのよ」と、子どもに見せながらふいてあげましょう。

Case⑱のときは… Advice アドバイス 18

😊 安心できる空間
トイレが怖い、友達といっしょに行くと圧倒されてしまうなど、いろいろな理由があるでしょう。まずは家庭でのようすを聞き、それに近い形で誘ってみましょう。

実践アドバイス
　トイレに行きたいのをがまんしすぎるのは体に良くありません。落ち着きがなくソワソワしているようなら、「トイレに行ってみようか？」と声をかけて、さりげなく誘ってみましょう。
　また、園と家庭ではトイレの雰囲気が違い、とまどってしまう子どももいます。どうしてもいやがる場合は、保護者といっしょにトイレを利用してみたり、目につく場所にかわいい絵をはったりするなど、子どもが安心できるような工夫が必要です。

Case⑲のときは… Advice 19

😊 漏らした直後を見逃さずに

ふだんどのくらいおしっこをためられるのかを見ておいて、時間を考えながらトイレに誘います。試しにパンツをはかせてみて、ぬれたときの気持ち悪さや、おしっこ・うんちが出る感覚などを自分で感じられるようにしていきましょう。

実践アドバイス

最近は3歳を過ぎてもオムツをしている子どもが増えています。夫婦共働きでオムツのほうが楽だから、パンツが汚れるのがいやだからなど、家庭の事情があってのことだとは思いますが、いつまでもそういうわけにはいきません。まずは園での取り組みを知らせて、家庭でも協力してもらうようにしましょう。早くオムツが取れないと、ほんとうに困るのは子どもやその保護者です。

漏らす前に用が足せたときは、しっかりと褒めてあげましょう。

「気持ち悪かったね」

Case⑳のときは… Advice 20

😊 焦らずじっくりアドバイス

最初はトイレの入り口前に、服を入れるかごなどを置いておきます。トイレに慣れてきたら、ズボンとパンツを途中まで降ろすことなどを、いっしょに付き添って教えてあげましょう。

実践アドバイス

保護者に園でのようすを伝えながら、家庭ではどのようにしているのかといったことを聞き、園と家庭で協力し合うことが大切です。

おしっこが便器からはみ出したりパンツがぬれてしまったりしても、責めないようにしましょう。男の子なら立つ位置を確認して、おしっこが出終わるまでおちんちんをしっかりと持っておくこと、女の子なら座る位置を少しずらせばよいこと、おしっこが手についてしまっても洗えばよいことなどを伝えましょう。

「そうそう!」「できたよ!」

実践シミュレーション② 生活習慣を身につけよう!

[2]-(2) 清潔 Case㉑㉒

きれいサッパリ！気持ちいい

　うがい・手洗いや歯みがきなどの生活習慣は、やらなければいけないと意識させるよりも、きれいになったら気持ちがいいと感じられるようにしたほうが身につきやすいでしょう。「ばい菌がいなくなって良かったね」「虫歯菌をやっつけたね」などと、子どもが達成感を味わえるようなことばがけをしましょう。

😟 どうしよう？　　　　　　　　　　　　　　　　　　　　　　😊 次頁へ☞

| Case㉑ | 戸外で遊んだ後、うがい・手洗いをしない。やっても簡単に終わらせる。 | ▶ アドバイス A㉑ |
| Case㉒ | 食後の歯みがきをいやがったり、きちんとみがかずに終わろうとしたりする。 | ▶ アドバイス A㉒ |

Case㉑のときは… アドバイス21

😊 実践と知識でわかりやすく

ばい菌を追い出す「ガラガラ」、口の中の汚れを落とす「ブクブク」など、保育者がいっしょにうがいをしながら見本を見せます。手洗いも、「手のひら、手の甲、指の間、つめ、手首」と、声に出しながら洗いましょう。なぜうがい・手洗いが大切なのかも知らせていくようにしましょう。

実践アドバイス

ちゃんとせっけんをつけて洗ったかどうかは、手のにおいをかいで確かめます。あきらかにうがい・手洗いをしていない場合は、「ばい菌がいっぱい手についてるのが見えるよ」「おなかが痛くなるよ」などと言葉をかけると、慌てて洗いに行きます。

うがい・手洗いの大切さを、絵本やパネルシアターなどでも知らせていきましょう。

Case㉒のときは… アドバイス22

😊 達成感が気持ちいい

保育者もいっしょに歯みがきをして、みがき終わったら子どもの口の中をチェックします。みがけていたら、「きれいになって気持ちがいいね」などと言葉をかけて、終わったら表にシールをはったり色を塗ったりしてもよいでしょう。

実践アドバイス

歯みがきに関する絵本や紙芝居、ペープサートなどを使い、歯みがきの大切さを知らせていくとともに、意欲的に取り組めるような工夫を考えましょう。歯みがきをするときに音楽をかけたり砂時計を置いたりして、目安になるものを用意しておくと、子どもたちもみがきやすくなります。

保育者も含めてみんなでいっしょに歯みがきをすることで、集団生活の中でのルールを覚え、個人としての生活習慣も身についていきます。

実践シミュレーション②　生活習慣を身につけよう!

2-(3) 着脱 Csae㉓㉔㉕㉖
脱いで着替えて畳めるかな?

　生活習慣の中でも、「自分でやりたい」という意欲が表れやすいのが着脱ではないでしょうか。保育者が「ひとりでできたね」と認めてあげることで、徐々に上達していきます。

　なかなか着替えようとしなかったり、ほかの子どもよりもペースが遅かったりする子どもは、ふだんどのように着脱を行なっているのか、保護者と話し合ってみましょう。

Case㉓

ぬげない〜

Case㉔

「着替えが先です〜っ」

「はいらない！」

Case㉕
Case㉖

😟 どうしよう？

Case㉓	ボタンが留められない、シャツが引っかかるなど、ひとりで服を着たり脱いだりすることができない。	▶ アドバイス A㉓
Case㉔	服を脱ぎっぱなしにしたり、服の畳み方がわからずに、そのままかごにポイッと入れてしまったりする。	▶ アドバイス A㉔
Case㉕	ふざけて服を着ようとせずに、下着姿や裸のままで遊ぼうとする。	▶ アドバイス A㉕
Case㉖	服の後ろ前を逆に着たり、ズボンの片方に両足を入れようとしたりする。	▶ アドバイス A㉖

実践シミュレーション② 生活習慣を身につけよう！

[2]-(3) 着脱
脱いで着替えて畳めるかな？

Case㉓のときは… アドバイス23

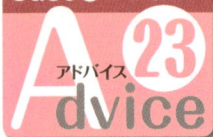

😊 ひとりでできることから

最初は手伝いながら言葉に出して、服のどこを持って、どのように手や首を出すのかを知らせたり、保育者が半分穴に通したボタンを子どもが抜いたりして、ひとりでできることを少しずつ増やしていきましょう。

実践アドバイス

ふだんから保護者にやってもらっているために、ひとりでどのように着たり脱いだりしたらいいのかがわからないのだと思います。ゆっくりとていねいに着脱のしかたを知らせて、自分からやりたいと思えるようにしていきましょう。

ままごと遊びのときにぬいぐるみや着せ替え用の人形を用意しておくなど、興味が持てる環境も整えておくと、保護者のまねをして、遊びながらしぜんに覚えていきます。

（そうそう！トンネルくぐらせてあげて…）

Case㉔のときは… アドバイス24

😊 脱いだら畳む習慣づけ

服を脱いだら畳むという習慣が身につくようにするために、最初の衣服着脱の機会にしっかりと伝えておきましょう。脱いだ服を一枚ずつ確認するなど、意識して行なえるようにしましょう。

実践アドバイス

家庭では脱ぎっぱなしでもOKなのでしょうが、集団生活ではそれなりのルールを身につけてもらわなければ困ります。

保育者が実際に服を畳むところを見せながら、「そでとそでとくっつけて、半分に折ります」と説明したり、音楽に合わせて畳んでみたりして工夫しましょう。

じょうずに畳めたら、「もうこれからはひとりで畳めるね」などと、子どもの自信につながるようなことばがけも忘れずに。

（♪そでとそでをくっつけて～ こう？ そう！）

Case㉕のときは… Advice 25

😊 早く着ないと……

裸のままだと、体が冷たくなったりおなかが痛くなったりすることを知らせて、服を着るように促します。「ズボンから泣き声が聞こえるよ」「靴下がほうっておかれて、寂しいって言ってるよ」などと、ことばがけの内容も考えましょう。

実践アドバイス

　どのクラスにもひとりやふたりはお調子者がいるものです。元気があるのは良いことですが、ほかの子どもがはやしたりまねをしだしたりすると、ますます調子に乗って服を着ようとしません。
　服を着たら次に何をするのかを伝えておくだけでも違ってきます。子どもたちの好きな活動や戸外遊びなどで誘い、服を早く着ようとする気持ちが持てるようにしましょう。

Case㉖のときは… Advice 26

😊 前後をよく確かめて

保護者にお願いして服の前に目印をつけてもらい、子どもが見てわかるようにしておきます。後はそのつど、前・後ろを知らせてあげます。ズボンは一度床に置いて形を確かめながら、片方ずつ足を入れられるように手伝ってあげましょう。

実践アドバイス

　服の前後が反対になっていることを知らせないかぎり、子どもはまったく気にせずに、そのまま遊び続けます。服を後ろ前にして着ると首が苦しかったり、気持ちが悪かったりすることを伝えていきましょう。
　服には前と後ろがあり、すそや肩を合わせると、どちらが前かがわかりやすいことを知らせるなど、子どもの立場になって、どうすればわかりやすいのかを考えてみましょう。

実践シミュレーション② 生活習慣を身につけよう!

2−(4) 午睡 Case㉗㉘

規則正しい生活リズム

　保育園での生活では、午睡が欠かせません。寝つきが悪かったり寝起きのきげんが悪かったりする子どももいますが、しっかり食べて、楽しく遊んで、ゆっくりと休息を取って、だんだん規則正しい園生活が送れるようにしていきましょう。

😟 どうしよう？　　　　　　　　　　　　　　　　　　　　　　　　　　😊 次頁へ☞

| Case㉗ | なかなか寝つけなかったり、寝ようとしなかったりして、ほかの子どものじゃまをする。 | ▶ アドバイス A㉗ |
| Case㉘ | 目が覚めたときにきげんが悪くて、いつも大泣きしてしまう。 | ▶ アドバイス A㉘ |

Case㉗のときは… Advice 27

😊 生活リズム・環境を整える
パジャマに着替えたら、寝る前に保育者が絵本を読むなど、午睡の流れをつくっていきます。生活リズムを整えることで、布団に入るとしぜんに眠気を感じるようになるかもしれません。

実践アドバイス

子どもによって寝つきの良しあしは違いますが、午前中の活動をしっかりとしておくと、疲れてすぐに寝てしまうことが多いようです。カーテンを閉めて静かな音楽をかけるなど、寝る場所の環境を整えて、場合によっては保育者が添い寝をしたり、優しく体をトントンとたたいてあげたりしましょう。

園で規則正しい生活を送っていると、家庭に帰ってからも夜9時ごろにしぜんに眠くなるなど、一日全体の生活リズムも整ってくるでしょう。

クマの親子は…

Case㉘のときは… Advice 28

😊 安心できるように配慮
寝起きのきげんが悪い子どもはどこにでもいます。保護者から家庭でのようすを聞き、どうすれば安心できるのかを考えてみましょう。子どもたちが午睡の習慣に慣れてくると、子ども同士で起こし合う姿も見られます。

実践アドバイス

満足な睡眠が得られていなかったり、寝るのが遅かったりなど、いろいろな原因が考えられます。起きる時間になったら目覚めの音楽をかけたりカーテンを開けたりするリズムを続けていきましょう。保育者が少しの間だっこしてあげることで安心したり、ほかの子どもたちのようすを見ているうちにしぜんに泣きやんだりしていきます。

また、昼寝の時間が長すぎると夜遅くまで寝なくなり、悪影響が出ます。1時間程度を目安にしましょう。

怖い夢見たの？

ポンポン

②-(5) あいさつ・コミュニケーション Case㉙㉚㉛㉜
仲よしへの第一歩

　あいさつや言葉のやりとりには、言いやすいものと言いにくいものがあります。「いただきます」「ごちそうさま」は食事のときにみんなでそろって言えますが、「いれて」「ごめんなさい」などは少し勇気が必要です。そういう場面に遭遇したら、最初は保育者が間に入って助けてあげましょう。
　自分から言うことで相手も返してくれることや、あいさつをすると仲よしになれることを知らせていきましょう。

こっこんにちは…

😫どうしよう？　　　　　　　　　　　　　　　　　　　　　　　　　　　　　　　😊次頁へ

Case㉙ 「いれて」「かして」「かわって」などを、自分からなかなか言うことができない。　▶ A㉙

Case㉚ 「ありがとう」を言わない子どもに向かって、つい「ありがとうは？」と強要してしまう。　▶ A㉚

Case㉛ いやなことをされても「やめて」と言えない。悪いことをしても謝らない。　▶ A㉛

Case㉜ 園に来たお客さんに会っても、あいさつせずに知らん顔をしている。　▶ A㉜

実践シミュレーション② 生活習慣を身につけよう！

[2]-(5) あいさつ・コミュニケーション
仲よしへの第一歩

Case㉙のときは… Advice㉙

😊 保育者が仲立ち

自信がない子どもには保育者がつき添い、いっしょに言ってあげましょう。断られて困っている子どもにも、なぜ断られたのか、どうしたら仲間に入れてもらえるのかを友達に聞いてみましょう。

実践アドバイス

自分から言えずにがまんしている場合もあれば、言ってみたけれども断られてしまい、どうしたらいいのか困っている場合もあります。保育者がいっしょに言うことで、言葉のやりとりのしかたがわかってきます。少しでも自分の言葉で言えたら、思い切り褒めてあげましょう。子どもの自信へとつながっていきます。

困っている場合は互いの話を聞き、どうすればよいのか、解決策をいっしょに考えていきましょう。きっかけがあれば、子どもも経験を通して成長していくはずです（46ページアドバイス⑧参照）。

Case㉚のときは… Advice㉚

😊 ふだんからしぜんに言えるように

子どもに何かをしてもらったときに、保育者が大きな声で「ありがとう」と言いましょう。子どもたちはその姿を見ています。強要して言わせるのは、ほんとうの感謝の気持ちではありません。

実践アドバイス

なぜ「ありがとう」が言えないのかを考えてみましょう。恥ずかしいからなのか、ほとんど言ったことがないからなのかもしれません。このような場合は保育者がいっしょに言ってあげることで、経験しながら学んでいけるようにしましょう。

言いたくないという場合は、どうしてなのかを本人に聞いたり、保護者から日ごろのようすを聞いたりしてヒントを見つけていきます。きっかけをつくってあげることで、子ども自身も変わってくるでしょう。

Case㉛のときは… アドバイス31

😊 言いやすくなるきっかけをつくる

子どもが言いやすい空気にしてあげましょう。子どもたちのようすを見て、「○○ちゃんは、やめてほしそうなを顔してるよ」「いっしょにごめんなさいしようか」などと代弁してあげると、少しずつ自分で言えるようになっていきます。

実践アドバイス

すべてのことに目が届くわけではありませんが、子どもが困っているときや危険な気配を感じたときは、すかさず間に入るようにしましょう。子どもの年齢や性格にもよりますが、うまく言葉で表現できない子どもには、十分な配慮が必要です。謝らない子どもも自分が悪いことをしたと自覚しているようなら、時間がかかっても謝ってくれるでしょう。そうでない場合も強要するのではなく、なぜそうなったのか事情をよく聞いたうえで判断して、納得できるようにします。「もうしないでね」のフォローも欠かさずに(47ページアドバイス⑪参照)。

Case㉜のときは… アドバイス32

😊 保育者が率先して

お客さんに限らず、友達のお母さんやお父さん、たまたま来られた地域の方に対しても、「おはようございます」「こんにちは」などのあいさつをすることを知らせていきましょう。まずは保育者が元気に声を出すことが大切です。

実践アドバイス

どんな状況であいさつをするのかや、あいさつをしてもらった人は気持ち良く園で過ごすことができることなど、あいさつをする意味や大切さを知らせましょう。元気良くあいさつをすると、子どもたち自身にとって気持ちが良いだけではなく、園に来られた方にも、この園の子どもたちは礼儀正しく、元気が良いという印象を持っていただけます。

登園時にもあいさつをするように、人とのかかわり合いは、まずあいさつをすることからスタートします。

コラム

幼稚園と保育園
――それぞれの違いと役割――

　大まかに説明すると、幼稚園は、義務教育やその後の教育の基礎を培うものとして子どもを保育する"教育の場"で、保育園（所）は、保護者が働いているため、日中家庭で保護・養育を受けられない乳幼児を預かる"生活の場"です。その違いから、保育園にはおやつや午睡、給食などがあります。幼稚園でも給食の所はありますが、保育園では栄養士が献立を考えて、自分の園で作っている所が多いようです。

　夫婦共働きの家庭が増え、保育園に入れずに待機している子どもがいる一方で、定員割れしている幼稚園もあり、預かり保育をしたり、待機児童を集めたクラスを設けたりする幼稚園や、一時預かりを行なう保育園が多くなっています。また、そういった実情に応じるために、保護者が働いているかどうかにかかわらず子どもを預かる、幼稚園と保育園の役割を合わせたような施設として、認定こども園があります。

　最近では、地域の住民同士のかかわり合いが薄くなりつつあります。核家族化・少子化などの影響で、相談できる相手が見当たらず、子育てに悩みや不安を抱いている保護者、母子家庭や父子家庭も増えてきています。子育て支援という意味においても、幼稚園や保育園、保育者が果たすべき役割は、これからもますます大きくなっていくでしょう。

実践シミュレーション③

テーマを持って遊ぼう!

Case㉝〜㉽

　運動遊び、歌遊び・リズム遊び、製作遊び、自然遊びなど、テーマを持って遊ぶときはルールや約束事を決めて、子どもたちにわかりやすく伝えながら、理解させていく必要があります。

運動遊びを楽しもう！
③-(1) 導入 Case㉝㉞
「みんな集まれー」のコツ

　園庭や遊戯室などの広い場所で運動遊びを始めようとすると、子どもたちはとりあえず走り回ったり、かってにおしゃべりを始めたりしてしまいます。合図をしたら保育者の所に集まって座るといった内容の遊びを通して、約束事を決めておきましょう。園外保育のときにも生かせます。

😣 どうしよう？

| Case㉝ | 集合の合図をしてもなかなか集まらなかったり、集まっても友達とおしゃべりをしていたりする。 | ▶ アドバイス A㉝ |
| Case㉞ | 集団行動がいやだったり遊びに参加したくなかったりして、集まる場所に行こうとしない。 | ▶ アドバイス A㉞ |

Case㉝のときは… Advice㉝

😊 遊びながらルールを知らせる
音楽に合わせて歩いたり走ったりして、笛の合図で保育者の所に集まる遊びや、保育者が場所を変えながら「ここに集まれ」と合図をするなど、遊びながら集まる練習をしてみましょう。

実践アドバイス

　初めて集団生活を経験する子どもたちはまだルールがわからないので、好きかってなことをします。合図に反応して動く遊びを取り入れると、喜んで参加します。繰り返し遊んでいるうちに、ルールも理解していくでしょう。子どもを集めるときは「今から〇〇をするよー」と呼びかけて、子どもたちに期待を持たせるようにします。集まった後は手遊びや歌などで、みんなの気持ちを集中させていきましょう（43ページアドバイス⑦・105ページアドバイス㉒参照）。

Case㉞のときは… Advice㉞

😊 見学することも参加のひとつ
いやがる子どもを無理に連れてくるのではなく、どうしたいのか話を聞き、保育者のそばや友達と少し離れた場所に座るなど、状況に合わせてしばらくようすを見ていきましょう。

実践アドバイス

　無理やり連れてくると、大泣きしたり園に来るのがいやになったりして、気持ちがマイナスに向いてしまいます。離れた場所で見学させておいて、しばらくしてから声をかけてみてもよいでしょう。
　何かのきっかけを待っているのかもしれません。長い目で見ながら、少しずつみんなの中に入っていけるように、ことばがけを工夫していきましょう。

実践シミュレーション③　テーマを持って遊ぼう！

運動遊びを楽しもう!
3-(2) 振り付け Case㉟㊱

曲に合わせて、ダンス&体操

　ダンスや体操は、運動前の準備体操や運動会の種目としてなど、いろいろな場面で使われることが多い、避けては通れない運動遊びです。
　リズム感を養うことにもつながります。ポイントを押さえて、保育者も子どもも楽しく体を動かせるようにしましょう。

Case㉟
「ひざを曲げて手はいっしょに…」
「えーと次の動きは…」
「違う!こう!」

Case㊱
「‥‥」

😟 どうしよう？

| Case㉟ | 子どもたちにわかりやすく振り付けを教えるには、どうすればよいのか悩んでしまう。 | ▶ アドバイス A㉟ |
| Case㊱ | ダンスや体操をまったくやろうとしない。やる気がなさそうにダラダラと踊る。 | ▶ アドバイス A㊱ |

😊 次頁へ☞

Case㉟のときは… アドバイス35

😊 覚えやすいフレーズ

まず保育者が楽しそうに、かっこう良く見本を見せます。その後ひとつひとつの動きを説明しながら、覚えやすいフレーズを用いて、子どもといっしょにゆっくりと繰り返して練習しましょう。

実践アドバイス

覚えやすいフレーズは、案外子どもの耳に残るものです。ワンフレーズごとに「パンチパンチパンチ！」「力持ちのポーズ」「ひざトントントン」などと工夫しましょう。曲とフレーズと動きがセットになることで、楽しく効率的に覚えることができます。

最初のうちはわかりやすい単純な動きを取り入れ、慣れてきたら難しい踊りや季節に合ったダンスなどにも挑戦していきましょう。子どもはあっという間に覚えて、何度でも踊りたがります。

Case㊱のときは… アドバイス36

😊 今はまだやりたくない気持ち

どんな遊びでも、やりたくないと思う子どもは出てきます。子どもの話に耳を傾けて、信頼関係のもとで対処していきましょう。また、その場ではやらなくても、家庭では楽しそうに踊っていたりすることもあります。

実践アドバイス

恥ずかしいのか、覚えられないのか、いやなのか、話を聞いて原因を考えてみます。そのうえで、「今はしっかりと見ていてね、踊りたくなったら踊ろうね」「○○ちゃんといっしょに踊ってあげてね」と、仲の良い子どものそばに置くなどしてみましょう。

覚えられない子どもにはじっくりていねいに教え、ダンスや体操がいやな場合は、何がいやなのかを本人に聞いたり、保護者に最近のようすを聞いてみたりしましょう。話の中に原因が隠れているかもしれません。

運動遊びを楽しもう!
③-(3) 遊びのルール Case㊲㊳

走って跳んで、追いかけっこ

　子どもは走ったり跳んだり、とにかく動き回ることが大好きです。保育者が何も言わなくても、あちこちでしぜんに追いかけっこが始まりますが、それぞれが好きかってに動き回ると、ぶつかったりけんかになったりして、トラブルにも発展します。鬼ごっこやゲームを通して、楽しみながらルールを覚えられるようにしていきましょう。

Case㊲
まってー!
=3
あれ?
キャ
しっぽとったよー!
Case㊳
とられてもいいもんねー!にげろー!

😟 どうしよう?　　　　　　　　　　　　　　　　　　　　　　　　😊 次頁へ

| Case㊲ | 単なる追いかけっこから、鬼ごっこなどのルールのある遊びに発展させたい。 | アドバイス A㊲ |
| Case㊳ | 鬼にタッチされているのにまだ逃げ回るなど、ルールを無視して遊び続ける。 | アドバイス A㊳ |

Case㊲のときは…
アドバイス㊲

😊 簡単なルールから始める
簡単な遊びから始めましょう。保育者対子どもたちで鬼ごっこを行ない、タッチされたら指定した場所に座っていきます。最後まで逃げきれた子どもは、みんなの前で褒めてあげましょう。

実践アドバイス
最初から複雑なルールにすると共通理解ができず、遊びが成り立たないので楽しくありません。簡単なルールから始めましょう。ルールはわかりやすく説明します。逃げてもよい範囲やタッチされたら座る場所などを決めて、始める前に確認しておきます。子どもたちが理解できているかどうか、試しにやってみましょう。何回か繰り返して遊びが楽しめるようになってきたら、タッチされた人は鬼になるなど、ステップアップしていきましょう。

すごいねー!

Case㊳のときは…
アドバイス㊳

😊 ルールの確認と徹底
ひとりでもルールを無視する人がいるとみんなが困り、楽しく遊べなくなってしまうことを伝えましょう。ルールがわかっていないようなら中断して、もう一度みんなでルールの確認をしてから始めましょう。

実践アドバイス
わざと無視しているのか、ルールがわからずに遊んでいるのかを見極めて、その状況に合った援助をしましょう(85ページアドバイス㊹参照)。頭ごなしに怒るだけでは、怒られて怖いという印象しか残りません。
わかっていて無視をしているのなら、遊ぶ楽しさが半減してしまうことや、鬼になって追いかける楽しさもあることを伝えます(131ページアドバイス㊲参照)。一度遊びから外して、みんながどんなふうに遊んでいるのか見てもらってもよいでしょう。

どうするんだったかな？みんなも考えて?

えーっとねぇ

実践シミュレーション③ テーマを持って遊ぼう!

歌遊び・リズム遊びを楽しもう!
③-(4) 曲選び Case㊴㊵
子どもたちだって盛り上がりたい!

　大好きな歌や曲を聞いたり、保育者がおもしろそうな手遊びを始めたりすると、子どもたちはすぐに集まってきます。よく知っている歌や乗りの良い曲は、保育をおおいに盛り上げてくれるでしょう。

　歌遊びやリズム遊びでは、年齢に合わせた曲選びや伴奏方法なども考える必要があります。

Case㊴	選んだ曲が合わなくて、子どもたちがいまひとつ乗ってこない。	▶ アドバイス A㊴
Case㊵	保育のいろんな場面で歌遊びを取り入れたいけれど、日々の保育や行事に振り回されて、曲を探す余裕がない。	▶ アドバイス A㊵

Case㊴のときは… アドバイス㊴

😊 なじみのある歌でスタート

子どもが楽しんでうたえるように、短い曲から始めましょう。年齢によってうたいやすい音域も変わっていきます。ピアノはまずメロディだけを弾き、子どもたちがうたいやすいようにします。慣れてきたら伴奏も加えましょう。

実践アドバイス

歌の本に対象年齢が書いてあることもあるので、参考にしてみてもよいでしょう。先輩保育者から、短くてすぐにうたえそうな歌や、子どもに受けの良かった曲を教えてもらったり、子どもたちからもよく知っている歌を聞いたりして、クラスみんなでうたってみましょう。

歌遊びやリズム遊びでは、いかに子どもたちを乗せるかが重要です。保育者自身が歌とピアノでリードしながら、気持ち良く盛り上がれるように演出していきましょう。

Case㊵のときは… アドバイス㊵

😊 周りの人も味方につける

春季休業中など、できるだけ余裕があるときに曲選びをしておきましょう。歌の本やインターネットでの検索を利用してみるなど、自分なりに努力してみましょう。先輩保育者や同僚、保護者からの口コミ情報なども、案外頼りになります。

実践アドバイス

年間計画をたてて、一年を通しての保育イメージを大まかに書いておきます。その月のカリキュラムを考えるとき、季節の曲や童謡などから何曲かリストを作っておきましょう。

保育者の思いが強すぎると、子どもたちの実態に合っていない曲を選んでしまうことがあります。元気な子どもたちが多いのか、きれいな声が出せる子どもが多いのかなども考えて、曲の候補を探してみましょう。

クラスでお気に入りの曲が増えると、保育の幅も広がっていきます。

歌遊び・リズム遊びを楽しもう!
③-(5) **うたい方** Csae㊶㊷

じょうずにうたえば、カイカ〜ン!

　子どもたちに、みんなでいっしょに声をそろえてうたう気持ち良さを経験させてあげましょう。うたう楽しさがわかると、覚えた歌をふだん何げなく口ずさんだり、仲の良い友達同士でいっしょにうたったりする姿も見られます。

Case㊶

Case㊷

😟 **どうしよう?**

Case㊶ 譜面も文字も読めない子どもに、どうやって歌を教えたらよいのか悩む。 ▶ アドバイス A㊶

Case㊷ 音程がかなり外れる子どもや、大声でどなるようにうたう子どもがいる。 ▶ アドバイス A㊷

😊 次頁へ

Case 41 のときは…
Advice 41

😊 聞いてうたうことでみがかれる感性
最初に保育者がうたってみます。その後子どもたちに曲の第一印象を聞いて、興味を持ったところで、少しずつ保育者がうたっては子どもたちにもうたわせて……を繰り返します。

実践アドバイス

わかりやすく歌の内容を説明して、子どもたちが理解したうえでうたえるようにするといいですね。
ふだんの遊びの中でいつでも子どもたちがうたえるように、ピアノで弾いた曲を録音しておいたり、歌のCDを用意したりして、歌に親しめるようにしておきましょう。

Case 42 のときは…
Advice 42

😊 楽しむことがいちばん
多少音程が外れていても、元気良く楽しそうにうたっていればOKです。低年齢児では特に、音程を合わせてうたうのが難しい場合もあります。

実践アドバイス

何事も、まずは子どもたちが楽しんでいるかどうかを考えましょう。元気が良すぎて調子に乗り、どなり声のようになったときは、「のどが痛くなるよ。優しい声が聞きたいな」などと、子ども自身に気づかせるようなことばがけをしていきましょう。
背中を伸ばして姿勢を正し、あごを引いてうたうようにすると、声が出やすくなります。

歌遊び・リズム遊びを楽しもう！
③-(6) リズム遊び Case㊸㊹
リズムに合わせて動いてみよう

　保育室や遊戯室などで手軽に遊べるリズム遊びは、ピアノに合わせて動いたり、簡単な曲に合わせて動いたりして、ふだんしないような動きが楽しめます。
　発表会にもつながっていくので、おなじみの遊びとして子どもたちに浸透させておきましょう。

😟 どうしよう？		😊 次頁へ
Case㊸	曲や動きのバリエーションが少なくて、遊びがワンパターンになってしまう。	アドバイス A㊸
Case㊹	みんなと反対方向に動いたり、周りをよく見ずに走りだしたりして、ぶつかってしまう。	アドバイス A㊹

Case43のときは…
Advice 43

😊 **ふだんからイメージを膨らませて**

「ゾウさんの歩き方」「ウサギがピョンピョン」など、特徴のある動物の動きや、「歩く」「走る」「止まる」「片足けんけん」など、わかりやすくてイメージしやすい動きを取り入れましょう。

実践アドバイス

ふだんから保育者が、いろいろな動きに合わせた曲を練習しておきましょう。絵本をヒントにしたり、子どもたちといっしょに動物が出てくる簡単なお話を考えたりして、曲に合わせた動きを考えてみても楽しいです。

日ごろからリズム遊びに親しんでおくと、生活発表会の登場シーンなどに使うこともできます。

Case44のときは…
Advice 44

😊 **約束事を決めておく**

動くのがうれしくて、方向も考えずに走り回る子どもは必ずいます。けがをすることが目に見えているので、事前に話をしておきましょう。

実践アドバイス

ピアノに合わせてみんなで歩いたり走ったりしているときに、ひとりでも逆方向に動く子どもがいると、ぶつかって危険です（47ページアドバイス⑪参照）。そんなときは一度動きを止めて、「どっちに歩いたら楽しく歩ける？」と、みんなで方向を確認してから始めてみましょう（79ページアドバイス㊳参照）。

実践シミュレーション③　テーマを持って遊ぼう！

歌遊び・リズム遊びを楽しもう！
③-(7) 楽器遊び Case㊺㊻
楽器も鳴らしてみたいでしょ？

　子どもたちにとって楽器はとても魅力的で、それを思い切り鳴らして遊ぶのは、家庭ではなかなか経験できないことです。
　楽器ごとの持ち方や鳴らし方をしっかりと知らせて、合奏に取り組むきっかけとして、楽しく遊んでみましょう。

😟 どうしよう？　　　　　　　　　　　　　　　　　　　　　　😊 次頁へ☞

| Case㊺ | 楽器を手にすると、みんなでかってに鳴らし始めて収拾がつかなくなる。 | ▶ アドバイス A㊺ |
| Case㊻ | 初めての楽器に興味を持ち、いきなり難しい楽器を使いたがる。 | ▶ アドバイス A㊻ |

Case㊺のときは… Advice㊺ ころ合いを見て切り替える

無理にやめさせずに、しばらくの間好きなように遊ばせてあげましょう。楽器に興味を持つきっかけにもなります。ある程度鳴らしたら一度静かにして、保育者の話を聞くようにします。

実践アドバイス

子どもが楽器を手にすると、必ずといっていいほどかってに鳴らします。音を出したくてしかたがない子どもたちを無理に静止してしまうと、不満がたまってその後の活動がうまくいかなくなることも多いです。まずは思う存分音を鳴らして、満足したころを見計らって、次のことばがけをしてみましょう。

子どもの楽器に対する関心が高いうちに、楽器そのもののおもしろさや、みんなで音を奏でる楽しさを知らせていきましょう。

（もうそろそろいいかしら？）
（は──い！おっともだち～！）
ぱん ぱん

Case㊻のときは… Advice㊻ 簡単なリズム遊びから

子どもが最初から使える楽器は限られています。まずは簡単なカスタネットや鈴などを使って遊びましょう。楽器の持ち方から姿勢、鳴らし方をひと通り知らせたら、簡単なリズムに合わせてみんなで鳴らしてみましょう。

実践アドバイス

アドバイス㊺のように満足するまで鳴らしたら、これから行なう遊びの内容や、どの楽器を使うかを知らせます。子どもなりに納得できれば、スムーズに楽器を持ち替えます。

楽器にはそれぞれの持ち方があります。カスタネット、鈴、トライアングル、タンブリンなど、よく使う楽器の持ち方や鳴らし方は、保育者もしっかりと把握しておきましょう。

よくうたっている歌の中で簡単な曲があれば、すぐに合わせて鳴らしてみてもいいですね。

（きょうの主役はカスタネットで～す）
じゃ～ん

実践シミュレーション③　テーマを持って遊ぼう！

製作遊びを楽しもう!
③-(8) 環境・準備・導入 Case㊼㊽

準備OK! さあやってみよう!

園では季節や行事に合わせて、いろいろな製作遊びを行ないます。目的にふさわしい素材や画材、道具を選び、環境面も含めた準備をしましょう。
思い切り絵を描くおもしろさや達成感を味わい、創造性も育てていけるように、ことばがけも工夫していきましょう。

♪おおきなおやま〜♪

じゃあ描いてみましょう

Case㊼

Case㊽

どうしよう?

Case㊼ 絵の具やクレヨンが、服についたり机や床にはみ出してしまったりするのが気になって、つい注意してしまう。 ▶ アドバイス A㊼

Case㊽ 絵を描いたり製作したりする遊びに興味を示さない。完成前に途中でやめてしまう。 ▶ アドバイス A㊽

Case47のときは… Advice47

😊 汚れることを前提にして準備

子どもたちが存分に楽しめるように、汚れてもだいじょうぶな環境を整えておきましょう。汚れを気にして思うように描くことができないと、楽しさが半減してしまいます。

実践アドバイス

絵を描くときに必要な物を考えてみましょう。クレヨン、色鉛筆、フェルトペン、絵の具……画材によって準備が異なります。机で描くなら画用紙の下に新聞紙などを敷き、床で描くなら画板を用意します。はみ出してもいいように床にブルーシートを敷き、ぬれぞうきんも用意しておきます。服装は、スモックやアトリエ着などを着用させましょう。

家庭では、汚れを気にせずに思い切り絵を描くというのは難しいので、園でしか味わえない遊びです。

Case48のときは… Advice48

😊 意欲を引き出すことばがけ

簡単なことから始められるようにしてみたり、描いた形を何かに見たてたりして、子どものやる気や想像力を刺激することばがけをしましょう。また、保育者が作った完成品を見せるなどして、最後まで興味が持てるように進めていきましょう。

実践アドバイス

子どもが絵を描いたり製作したりするいちばんの原動力（創作意欲）とは、何よりも好奇心からくる想像力です。「きょうは〇〇を作ります」と、完成品を見せて興味が持てるようにしたり、途中で「がんばってやってみよう」などと励ましたりしましょう。

折り紙なら、保育者もいっしょに折りながら、「ここを合わせて折ります」と紙を折り、全員が折れたのを確認してから次に移るなど、ひとつ進めては確認することを繰り返し、全員で完成を目ざしてもよいでしょう。

製作遊びを楽しもう！
③-(9) ハサミ・のり Csae㊾㊿
ルールを決めて、チョキチョキペタペタ

ハサミやのりを使うときにはルールを決めて、けがをしないよう十分に気をつけます。数がいくつあるかを把握しておくなど、保管場所や管理方法にも気を配りましょう。正しい持ち方や使い方を知ることで、製作物のバリエーションも増えていくでしょう。

「かってに持っていっちゃダメ!!!」

Case㊾
Case㊿

😟 どうしよう？

Case㊾ 子どもにハサミを持たせるのが怖い。使い終わった後、どこに置いたのかがわからなくなる。 ▶ アドバイス A㊾

Case㊿ かげんがわからず、のりをいっぱいつけすぎたり、のりに触ったときの感触や、指が汚れるのをいやがったりする。 ▶ アドバイス A㊿

😊 次頁へ

Case㊾のときは… Advice㊾

😊 持ち方・渡し方の約束を徹底

ハサミの持ち方から教えましょう。持って歩くときや人に手渡すときは刃を閉じて握り、持ち手を相手に向けるようにします。3歳児がかってにハサミを持つと何をするかわからないので、手の届かない所に置いておきましょう。

実践アドバイス

初めてハサミで紙を切るときは、親指とひとさし指・中指を穴に入れて握り方を知らせ、実際に切ってみます。ハサミの使い方を知る練習という意味で、細長い紙を一回切りしてみましょう。一回切りでできたたくさんの紙は、カレーの具やヒマワリ、ライオンのたてがみなどに見たてて、ほかの製作物にも使えます。

また、使い終わったハサミは必ずハサミ入れ（空き箱やかごなど）に戻すという約束もしておきましょう。

「はいどーぞ」
「ありがとう」

Case㊿のときは… Advice㊿

😊 安心して練習できるように

きれいなふきんやぞうきんをぬらしたものを用意して、すぐにふけるようにしておきます。のりは少しずつ指で取り、薄く伸ばすように塗っていきます。適量がわかるまで、何度か練習するとよいでしょう。

実践アドバイス

手についたのりはすぐにふいて落とせることや、たくさんのりをつけるとべたついて乾きにくくなることを知らせましょう。最初は保育者が紙にのりをつけて子どもにはってもらい、次は保育者の手からのりを少し指につけて、自分で伸ばして塗ってみるなど、できることを増やしながら、のりの使い方を教えていきましょう。

のりを使うときは、下に紙を敷くことも忘れないようにしましょう。

「そう！そう！少しずつね」
「このくらい？」

実践シミュレーション③　テーマを持って遊ぼう！

製作遊びを楽しもう!

3-(10) 進 行 Csae(51)(52)

じっくり集中マイペース

製作にしても絵を描くことにしても、でき上がるのが早い子どもと遅い子どもとで、スピードに差がついてしまいます。時間がかかってもみんなが最後まで集中して取り組めるような、配慮や工夫を考えてみましょう。

どうしよう?

次頁へ

Case(51) 早くでき上がった子どもが、時間を持て余してしまう。まだ終わっていない子どもが、焦って集中できない。 ▶ アドバイス A(51)

Case(52) 絵の具で絵を描くときにクラスの人数が多いと、保育者ひとりで見て回ることができない。目の届かない所でかってなことをする。 ▶ アドバイス A(52)

Case51のときは…
Advice 51

😊「お願い手伝って」で気持ちをくすぐる
早くできた子どもに、まだ作っている子どものお手伝いをお願いしたり、悩んでいる子どもにアドバイスをしてもらったりするなど、保育者の助手になってもらいましょう。クラス全体のムードが和気あいあいとして、楽しく進んでいきます。

実践アドバイス
折り紙のようにひとつひとつの作業を確認しながら作る場合は、みんなができるまで待ってあげましょう。遅い子どもにも、「最後までがんばろうね」「○○ちゃんがいっしょに見てくれているよ」などと励ましの言葉をかけて、クラスみんなで同じ活動をしているという意識が持てるようにしましょう。そうすることによって、クラスとしての雰囲気やまとまりが良くなり、運動会や作品展、生活発表会にもつながっていきます。

> 先生のお手伝いしてくれる？
> いいよ！

Case52のときは…
Advice 52

😊少人数に分けて進める
少人数に分かれて絵を描きます。ほかの子どもたちは、待っている間に絵本を見たり、園庭でほかのクラスの保育者や子どもたちと自由遊びを楽しんだりして、グループごとに交代で絵を描くようにしてみましょう。

実践アドバイス
保育者が見ていないと、すぐにふざけたり、絵の具で落書きやいたずらを始めたりする子どもが出てきます。どんなメンバーにするかも考えたうえでグループ分けしましょう。

少人数で描くのなら、ひとりひとりがよく見えるはずです。筆をしっかりと握って元気良く描けるように、ことばがけをしていきましょう。

絵本を見ている子どもたちのことも、ほうっておくのではなく時々ようすを見て、「すてきな絵本を選んだね」などと、声をかけてあげましょう。

実践シミュレーション③　テーマを持って遊ぼう！

製作遊びを楽しもう！
3-(11) お絵描き Case 53 54
保育者の考えと子どもの気持ち

　子どもの描いた絵は、時として保育者の意図や理解を超えている場合があり、うまい・へた、色づかい、テーマに合っているかどうかなど、つい保育者自身のものさしで判断してしまいがちです。独自の想像力や絵に描いたものに対する思い、色に対するこだわりなど、その子どもなりの気持ちや願望をくみ取れるようにしていきましょう。

動物の絵を描いているはずよね？

はて？

Case 53
Case 54

どうしよう？

Case 53 子どもによって、絵のレベルに差がある。何を描いているのかがわからなくて、どうことばがけをしようか悩んでしまう。 ▶ アドバイス A 53

Case 54 テーマに関係なく、自分が描きたい絵を描く。いつも同じものばかりを描いている。 ▶ アドバイス A 54

Case㊸のときは… アドバイス53

😊 また描いてみようと思えるように

全員が同じように描くのは不可能です。子どもによって、いろいろな絵ができ上がってきます。それぞれの絵を見ながら、「がんばったね」「ここは何を描いたの？」と話を聞き、がんばったことを認めてあげましょう。

実践アドバイス

子どもの描いた絵を見比べて、単純にうまい・へたと判断しても意味がありません。もちろん手先の器用さなど技術的な差はありますが、それは表面的なものにすぎないからです。重要なのは、子どもが自分の感性で、想像した世界をどう表現したかということです。

描き終わったからおしまいではなく、子どもがどんな気持ちで描いたのか、そこにはどんな物語が含まれているのかを聞き、後で保護者にも伝えられるようにしましょう。

Case㊶のときは… アドバイス54

😊 個性の表れと考えて

絵を否定するのではなく、なぜその絵にこだわるのかを聞いてみましょう。子どもなりの理由や、テーマのとらえ方があるのかもしれません。個性のひとつとも言えます。

実践アドバイス

大好きなものを描いているのにその絵を否定されてしまうと、子どもはもう絵を描きたくなくなってしまいます。

例えば車や電車が好きな子どもにとっては、世の中のいろいろなことが車や電車を中心に成り立っているのでしょう。同じ絵ばかり描くのも、その絵に自信があるからです。子どもの頭の中では、多少こじつけであっても、ちゃんとテーマにつながっているのかもしれません。子どもの思いを感じ取ってあげましょう。

実践シミュレーション③ テーマを持って遊ぼう!

製作遊びを楽しもう!
③-(12) 立体製作・共同製作 Case㊺㊻

みんなでレベルアップ!

　製作活動は、子どもが自主性や意欲を発揮して取り組めるようにしたいものです。特に子どもたち数人がひとつの作品を作ったり、ほかのクラスの子どもたちや異年齢児といっしょに作業をしたりする共同製作では、いろんな技法や経験とともに、役割分担や共通の目的意識といった、社会性も求められます。

Case㊺
ここを こうやって こうしたら こうなるから 次は…

Case㊻

😖 どうしよう?　　　　　　　　　　　　　　　　　　　　　　😊 次頁へ☞

| Case㊺ | 自由に立体製作をさせたいが、何をどうやって作るのかイメージできない。結局保育者があれこれと指示してしまう。 | ▶ アドバイスA㊺ |
| Case㊻ | 共同製作に参加したがらない。あるいは自信がなくて参加できない。 | ▶ アドバイスA㊻ |

Case㊺のときは…
Advice 55

😊 ふだんの遊びでイメージづくり

牛乳パックやプリンの空き容器などを、箱やかごに入れて、いつでも自由に遊べるように保育室に置いておきます。ふだんからそれらの材料で遊ぶことで想像力がつき、立体製作にも興味を持つようになるでしょう。

実践アドバイス

空き箱やペットボトル、牛乳パックなどの廃材を利用して、積み木遊びをしてみましょう。並べたり積み重ねたり、その子どもなりに考えて工夫する姿が見られるはずです。次に遊ぶときは、実際にセロハンテープやクラフトテープ、木工用接着剤などでくっつけてみましょう。遊んでいる途中で子どもたちがロボットやロケットに見たて始めると、しぜんに立体作品ができ上がります。

ふだんの遊びの中に、いろんなヒントがあることを気づかせましょう。

Case㊻のときは…
Advice 56

😊 参加しやすいものを見つける

技法や製作物にもいろいろあります。本で調べるなどして、何かひとつでも好きな技法や興味のある製作活動が見つけられるように、4月から少しずつ経験させてあげましょう。作品展のころには、経験がものを言うはずです。

実践アドバイス

共同製作には、クラス全員、またはグループで参加するものなどがありますが、いずれにしてもみんなで参加しなければ意味がありません。とはいえ、全員が納得して同じように製作にかかわれるかというと、それも難しいでしょう。保育者が子どもたちひとりひとりの得意分野や性格を見極めたうえで、意欲を高めながら、ひとつの作品としてまとめていく必要があります。いっしょに作る楽しさが感じられるようになると、しぜんと仲間意識も出てきます。

実践シミュレーション③　テーマを持って遊ぼう！

自然遊びを楽しもう!
3-(13) 栽培・飼育 Case 57 58 59 60
育ててみて初めてわかること

　植物や小動物など、生き物を育てることは貴重な体験です。世話をすることで、生長する喜びや収穫への期待、生き物に対する優しい気持ちなど、たくさんのことが得られます。
　また、すべての生き物には命があり、いつかは枯れたり死んでしまったりするということも含めて、自然のしくみや流れを感じるきっかけにもなるでしょう。

みて！みて！
2ひきとも ぼくが
とったの！
ありんこ
えい！
Case(59)
かわいそう…
うさぎさ～ん…？
Case(60)
のおうち

どうしよう？　　次頁へ

Case(57) みんなで育てている花を、かってに摘んでしまう。園庭の木などの枝を折る。 ▶アドバイス A(57)

Case(58) 世話が行き届かずに、自分で育てていた花がしおれてしまった。収穫を楽しみにしていたが、うまく実らなかった。 ▶アドバイス A(58)

Case(59) いろんな生き物を捕まえてきて、逃がそうとしない。危険な虫でも触ろうとする。わざと虫を殺す。 ▶アドバイス A(59)

Case(60) 世話をしていた生き物や、園で飼育していた動物が死んでしまった。 ▶アドバイス A(60)

3-(13) 栽培・飼育
育ててみて初めてわかること

Case57のときは…
Advice 57

😊 植物も育っていくことを知らせる

見逃さずに、物や命の大切さを知らせます。せっかく世話をしているのにちぎられてしまうと、みんながっかりすることや、植物にも命があることを伝えていきましょう。

実践アドバイス

きれいに咲いている花をちぎると、花の命はそこで終わってしまいます。花の名前などを教えてあげると興味を持ち、花にも命があることを理解してくれるかもしれません。

自然に咲いている花と違って、花壇や植木鉢などの花は、だれかが水やりや肥料やりなどをしながら大事に育てているということを、子どもたちに伝えます。「下に落ちている花びらなら、みんなにいっぱい見てもらったから、遊びに使ってもいいよ」と、区別できるようにしましょう。

Case58のときは…
Advice 58

😊 失敗から学べることもある

世話をしてきた花が枯れてしまったりすると、気分が落ち込んでしまいます。何がいけなかったのかを、保育者もいっしょに考えてみましょう。ほかにもあるからと安心させて、収穫できる喜びを感じられるようにしてあげましょう。

実践アドバイス

何事も、経験して初めてわかることです。気象条件が影響することもありますが、子ども自身が水やりを忘れ、雑草も生えほうだいにしてはいなかったでしょうか？　せっかく種や苗から育てているのですから、収穫まで責任を持って世話をするように、保育者が働きかけていきましょう。「トマトさんが水を欲しがっているよ」「アサガオが草いっぱいで、周りが見えないみたい」などと、ことばがけで気づかせていきます。

子どもたちが育てているのとは別に、園でも栽培しておいて、最後はみんなでいっしょに収穫できるようにしましょう。

Case(59)のときは…

アドバイス Advice 59

生き物について調べてみる

飼育するのが難しいので逃がしてあげたほうがよい生き物や、ハチやケムシなど危険な虫もいます。子どもたちが納得できるように話をして、後で逃がしてあげるようにしましょう。生き物に関心を持つようになると、命があることも理解します。

実践アドバイス

季節によって、園庭や公園に出てくる生き物は違います。チョウチョウ、ダンゴムシ、アリ、カエル、カタツムリ、セミ、カブトムシ、バッタ、トンボなど、子どもたちが捕まえたらすぐ入れられるように、虫かごや飼育ケースを用意して、しばらくの間飼育してみましょう。図鑑で調べるなどして、生き物に対する関心が高まってきます。何を食べるのか、どんなうんちをするのか、卵を生むのかなど、さまざまな好奇心を持つでしょう。

調べてみて、飼育の難しさや寿命の短かさがわかった生き物は、「死んでしまったらかわいそうだね」と言葉をかけて、逃がしてあげましょう。

Case(60)のときは…

アドバイス Advice 60

感情を受け止めてあげる

生き物を飼育していると、世話をしながら成長を喜んだり、驚いたり、思いがけないことで悲しんだりと、いろいろな感情が出てくるでしょう。保育者はどの感情も受け止めてあげて、時には励ましてあげましょう。

実践アドバイス

すべての生き物は、必ず死んでしまうものです。子どもたちが「命」や「死」についてどう考え、どう理解して受け入れるかはさまざまでしょうし、大人でも簡単には答えられません。動かなくなってしまった姿を見たり、冷たくなった体に触ってみたりして、子どもたちが思ったことを話す機会を持つのも大事です。保育者は子どもたちの気持ちに共感して、すべてを受け止めてあげましょう。

最後はみんなでお墓を作ってみてもいいですね。

コラム

虐待・障害がある可能性は?
―― 園としての対応 ――

　着替えや身体計測で服を脱いだときに、子どもの体に傷やあざがないか、日ごろの親子関係、子どもの姿などもよく見ておき、虐待が疑われるようなことがあれば、まずは園長に相談します。中にはしつけなのか体罰なのか、判断が難しい場合もありますが、少しでも疑問に思ったことがあれば、ひとりで悩まずに職員間で相談し合い、対応方法を考えていきましょう。児童相談所や保健所、地域の委員など、いろいろなネットワークも利用して、みんなで根気強く取り組んでいく必要があります。

　園生活の中で、ほかの子どもと比べて発育が遅れている(低身長)、奇声をあげる、言葉が遅いなど、なんらかの問題が見受けられたら、記録を取るなどしてその子どものようすをメモしておき、園長に相談します。対応のしかたを職員みんなで話し合い、どのように保護者に伝えるべきかを考えてみましょう。保護者が納得して、初めて次の段階に移れます。保護者自身が児童相談所や病院に連絡し、子どもの状態を見てもらうようにします。

　子どもへの虐待や障害の可能性が疑われる場合、いちばん難しいのは、保護者に対してどう伝え、返ってくる反応も予測したうえで、どう対応してフォローするかといったことでしょう。ふだんから各家庭の状態や保護者の性格などを、ある程度把握しておく必要があります。何よりも大切なのは、子どものためにはどうするべきかを考えて、みんなで支えていくことです。

実践シミュレーション④

一年間の保育の流れ

Case㊽～⑩

　4月ごろはバラバラだったクラスが、遊びや行事を通して友達とふれあい、やがて運動会や発表会で仲間意識を発揮するようになるなど、だんだんひとつにまとまっていきます。
　保育者も、子どもたちといっしょに成長していきましょう。

4-(1) 入園式 Csae ⑥①⑥②

幼稚園・保育園は楽しい所

　入園式は園全体で取り組む行事なので、式までの準備物や内容のことは、園長先生や先輩から事前に聞いて把握しておきます。保育者自身が少しでもリラックスして臨めるように、準備をしっかりとしておきましょう。
　新入園児たちにとって、初めての入園式は緊張しっぱなしです。園は楽しい所だと感じてもらえるように、保育者がアピールしましょう。

😟 どうしよう？

| Case ⑥① | 保護者に対して何をどう話せばよいのかがわからず、あいさつに自信がない。 | ▶ アドバイス A⑥① |
| Case ⑥② | 緊張している子どもたちと、保育室でどう過ごせばよいのかがわからない。 | ▶ アドバイス A⑥② |

Case㊶のときは… アドバイス61

😊 自分が目ざす保育内容を元気良く

自己紹介をして、これからどんな保育を目ざしていくのかを伝えます。声が小さかったり元気がなかったりすると、保護者が不安になります。経験年数が短くても一生懸命なところを伝えて、安心して子どもを預けてもらえるようにしましょう。

実践アドバイス

　第一印象はとても大切です。服装、話し方、接し方などで大きく変わってしまいますから、保護者への初めてのあいさつでは、十分な気配りが必要です。
　あいさつの内容は前日までに考えて、練習しておきましょう。紙に書いたりパソコンで作成してプリントしたりして、わかりやすい内容かどうかをチェックします。自分で自信がないのなら、ほかの人に文章を読んでもらい、感想を聞いてみるといいでしょう。

Case㊷のときは… アドバイス62

😊 おもしろそうだなと思わせる

初めての保育室では、泣いたり保護者から離れなかったり、いろいろな姿が予想されます。まずはパペットなどで子どもたちの関心を引きつけましょう。泣いていても、顔や耳を保育者に向けてくれるかもしれません。

実践アドバイス

　だれもが初対面で緊張します。少しでも楽しく過ごせるように、保育者も明るく笑顔でふるまい、元気な声で遊びましょう。ひとりふた役で人形との会話を進めながら、子どもたちに園のことや保育者自身のことを紹介していきます。何かおもしろいことが始まったと、子どもたちが興味を持ってくれます（43ページアドバイス⑦・75ページアドバイス㉝参照）。絵本の読み聞かせや手遊び、簡単な手品でもいいです。保育者が得意な方法で楽しく過ごしましょう。

4-(2) 誕生会 Csae㉓㉔
みんなで盛り上げよう!

毎月、その月に誕生日を迎える子どもたちをお祝いします。全園児でお祝いしたりクラスだけでお祝いしたり、行ない方は園の事情によりますが、子どもにとっては、一年に一度の誕生会です。誕生児にもお祝いする子どもたちにとっても、心に残るようなものにしたいですね。

Case㉓

モジモジ

早くしないと先に進まないよ

追い込んでどうする…

Case㉔

😟 どうしよう?

| Case㉓ | 緊張している誕生児が恥ずかしがって、自己紹介ができない。保育者の問いかけにも答えない。 | ▶ アドバイス A㉓ |
| Case㉔ | 保育者の司会進行がまずくて、間が持たない。その場の空気がしらけてしまう。 | ▶ アドバイス A㉔ |

次頁へ

Case㊿のときは… Advice 63

😊 保育者がリードして

事前にクラスの子どもたちの前で、自己紹介の練習をしておきましょう。3歳児など初めての場合は、保育者がいっしょに名前を言ったり返事をしてあげたりして、無理のないようにしましょう。

実践アドバイス

大人でも大勢の人を前にして話をするのは緊張します。何回か誕生会を経験したり、園生活を楽しんだりしているうちに、みんなの前でも話せるようになっていきます。ゆっくりと見守ってあげましょう。

特に4月の誕生会は、子ども同士もまだそれほど親しい関係ではないので、ほとんどの子どもが緊張しています。マイクを持って『あなたのおなまえは』をうたいながら、保育者がやりとりをして、名前や好きなものを言ってもらってもよいでしょう。

Case㊽のときは… Advice 64

😊 テンポ良く進める

誕生会は、司会をする保育者の進め方しだいで盛り上がったり、逆に盛り上がりに欠けたりします。子どもたちを乗せるには、保育者自身もテンションを上げて、テンポ良く進行します。子どもたちの思い出に残る、楽しい会にしましょう。

実践アドバイス

保育者自身も多少は緊張するでしょうし、子どもたちが保育者の思っているとおりに反応してくれるとは限りません。誕生児の好きなものや得意なこと、クラスの子どもたちがどんなことに興味を持っているかなど、ふだんからよく観察して、把握しておきましょう。

子どもたちの出し物は、季節の歌や手遊び、ダンスなど、みんなで楽しめる内容にします。遊べる手作りおもちゃなどをプレゼントにすると、誕生会後も余韻が楽しめます。

実践シミュレーション④　一年間の保育の流れ

④-(3) 身体計測・健康診断 Csae㊆㊅

大きくなったね! 元気だね!

　園では、体重は毎月、身長は年に何回か計り、健康診断も行ないます。体が健康であることの大切さを知らせ、自分が大きくなったことを喜べるように工夫をしましょう。衣服の着脱や整理整とんの習慣も、しっかりと身につけさせておきたいものです。

・・・・

ぼくしなくていいよ…

Case㊆

Case㊆　うーん　モジモジ

どうしたの?

ドタバタドタ

Case㊅

😟 どうしよう?

Case㊆　裸になるのをいやがり、身体計測で服を脱ぎたがらない。お医者さんを怖がる。 → アドバイス A㊆

Case㊅　先に計測が終わった子どもが、ふざけたり騒いだりする。 → アドバイス A㊅

😊 次頁へ☞

Case 65 のときは… Advice 65

😊 不安を和らげてあげる

服を着たまま計測してもかまいません。計測の回数を重ねるごとに慣れていくでしょう。お医者さんの検診を怖がる場合は、保育者がそばについて励ましてあげたり、だっこして検診してもらったりしましょう。

実践アドバイス

人前で裸になるのが恥ずかしいとか、以前病院に行ったときに注射をされたことがあり、白衣を着たお医者さんや、見慣れない道具を使って診察されることに抵抗感があるなど、繊細な子どもほど不安な気持ちが大きいようです。

事前に、お医者さんは病気やけがを治してくれる人で、みんなの味方だということや、決して痛い思いはしないこと、健康であることの大切さなどを話し、保育者もそばにいるから安心するように伝えましょう。

Case 66 のときは… Advice 66

😊 静かに待てる工夫

子どもたちは、計測が終わった安心感や開放感で、つい騒ぎたくなります。全員が終わるまでおとなしく待っているというのは難しいでしょうから、絵本を用意しておくなどの工夫が必要です。

実践アドバイス

自分の計測が終わっても、ほかの子どもたちはまだ計測をしています。友達の成長にも関心が持てるように、「重たくなった」「軽くなった」「同じ」などとみんなに知らせ、健康手帳にシールをはって、体が大きくなったことを実感できるようにしましょう。

異常な体重の増減、ふだん見えない場所のあざや傷跡など、子どもの体で気になる点を見つけたら、場合によっては虐待の可能性も考えられます。園長先生とも相談して、慎重な対応が必要です（102ページ参照）。

実践シミュレーション ④ 一年間の保育の流れ

4-(4) 避難訓練 Case 67 68
慌てないための万一の備え

避難訓練は、いざというときに慌てないための大事なものです。避難経路や逃げ方、保育者の対応などを日ごろから想定して、真剣に行ないましょう。
訓練の後は職員全員で反省会をして、もし実際に災害が発生していたらどうなっていたか、どうすれば良かったのか、しっかりと共通理解をしておきます。

😟 どうしよう？

Case 67 子どもたちが移動するのに時間がかかりすぎて、スムーズに避難できない。 ▶ アドバイス **A 67**

Case 68 何回も避難訓練を経験しているうちに慣れてしまい、緊張感が薄れてきた子どもがいる。 ▶ アドバイス **A 68**

Case67のときは… Advice 67

😊 原因がわかれば対策もできる

訓練の後は必ず反省会をして、なぜ時間がかかるのかを考えてみましょう。むだな動きやおしゃべりなど、原因が見えてくるはずです。慌てず騒がず、1秒でも早く避難ができるようにしましょう。

実践アドバイス

訓練を行なう前に、子どもたちと避難のしかたをシミュレーションしておきましょう。押さない、走らない、しゃべらないなどの約束を確認して、合図があったら保育者の元に集まり、すばやく上靴のまま逃げるようにしましょう。

あまり褒められる結果ではなかったとしても、見つかった問題点の原因をつきとめ、対策を考えておくことは重要です。もちろん災害が起こらないに越したことはないのですが、意味のない避難訓練などないのです。

Case68のときは… Advice 68

😊 保育者自身が緊張感を持つ

避難訓練は園全体で取り組むものです。全職員が緊張感を持って訓練に臨めば、子どもたちにも伝わるはずです。訓練内容は毎回見直して、慣れてきたら抜き打ちで行なってみてもよいでしょう。

実践アドバイス

一年にどのくらいの割合で避難訓練を行なうのかは、園によって異なるでしょう。火災のとき、地震を想定したもの、消防署にも協力していただく大がかりなもの、不審者対策としてなど、取り組む内容もいろいろあると思います。何を想定しての訓練なのかを子どもたち自身が理解したうえで、最後まで集中して行なえるようにしましょう。

日ごろから防災意識を高める絵本やビデオ・DVDなどを見せておくと、取り組む姿勢も違ってきます。

4-(5) 家庭訪問 Case69 70
家庭のようすを知るチャンス

　園ではおとなしい子どもでも、家庭では大はしゃぎしている姿が見られるのが家庭訪問です。家庭のようすや周りの地域の環境、保護者の子どもに対する思いなどを、見たり聞いたりするチャンスです。訪問先で慌てることのないように、しっかりと準備をしておきましょう。

😖 どうしよう？　　　　　　　　　　　　　　　　　　　　　　　　😊 次頁へ☞

| Case69 | 準備が不十分で、家庭訪問の計画や内容について自信が持てない。 | ▶ A69 |
| Case70 | 話好きな保護者と話が弾んでしまい、気がつけば予定の時間が過ぎている。 | ▶ A70 |

Case㊿のときは… Advice 69

😊 地図・時間配分・資料の確認をしっかりと

家庭訪問のお知らせを出し、保護者に予定を聞きます。日程を組むときは、地図を見ながらできるだけ近くの家をまとめて回れるようにし、一軒につき15分くらいの時間を見ておきましょう。園での子どものようすを記録したり、家庭調書などに目を通したりして、話の内容を考えておきます。

実践アドバイス

道に迷って時間に遅れてしまわないように、地図を見てしっかりと場所を確認しておきましょう。地図をコピーして、回る予定の家に目印をつけておくとわかりやすいです。

ジーンズやミニスカートなどは避け、好感が持てるように心がけるなど、服装にも十分に気を配ります。

また当日は、玄関先で話をするようにし、お茶やお菓子はいただかないようにしましょう。

Case㊻のときは… Advice 70

😊 時間に余裕を持った計画

あらかじめ聞きたいことをメモしておくなどして、ポイントを絞って話をするようにします。なるべく時間を守って回れるようにするとともに、移動時間も考えて、余裕を持って予定を組んでおきましょう。

実践アドバイス

保護者も自分の家だとゆっくり話ができるせいか、ついつい話が長くなってしまいがちです。話が長くなりそうなら、「まだ次に回る所があるので、後日ゆっくりお話を聞かせてください」などと伝えて、次の訪問先へ向かいましょう。

時間をオーバーしてしまうと後々時間がずれ込み、待っている保護者の方に迷惑が掛かります。かなり遅れてしまった場合は、保護者からの問い合わせがあるかもしれないので、園に連絡を入れておきましょう。

4-(6) 保育参観 Case㉛㉜

保育のようすを見てください

　入園・進級して、自分の子どもが園でどのように過ごしているのか、保護者は気になっているはずです。今現在、園で取り組んでいることや、基本的生活習慣などで子どもたちががんばっている姿を見てもらったり、話をしたりして、保護者に安心していただきましょう。

ち、ちょっと待って！

できないよ〜
Case㉛

かしてっていってるでしょー！！

Case㉜

やだよー！ぼくっかっているもん！

あぁぁ

ハラハラ

😟どうしよう？

Case㉛ 保育参観だからと張り切って臨んだが、子どもたちも緊張していたのか、失敗するところばかりが目についてしまう。 ▶ A㉛

Case㉜ 保育参観中に、子ども同士がけんかを始めてしまった。 ▶ A㉜

😊次頁へ

Case71のときは… Advice 71

😊 ふだん通りの保育

ふだん行なっている遊びで子どもたちの姿を見ていただき、安心してもらえるようにしましょう。がんばっているところを褒め、失敗しても、「だいじょうぶですよ、いつもがんばっているから」とフォローしながら、保護者にも伝えましょう。

実践アドバイス

　保護者の中には、園のようすを見るのが初めてという方もいると思います。当日の流れがわかるような、しおりなどがあるといいですね。
　まずは元気に遊んでいる姿や、かたづけ、うがい・手洗い、トイレのようすなどを見ていただきましょう。保育室では、4月から楽しんでいる手遊びや歌遊びを行ない、途中からいっしょにうたってもらっても楽しいです。最後は親子で楽しめるスキンシップ遊びをすると、子どもも保護者も大満足してくれるでしょう。

「いつもみたいにがんばってみよう!」

Case72のときは… Advice 72

😊 保護者に信頼していただけるチャンス

トラブルへの対処のしかたを、保護者に見ていただけるチャンスだと考えましょう。子どもたちの間に何が起きたのか、しばらく話を聞いて原因を探っていき、けんかの仲直りまでもっていくようにしましょう。

実践アドバイス

　保育参観だからといって、焦って一方的にけんかを止めて終わらせてしまわないようにしましょう。子どもの心にわだかまりが残るだけなく、保護者同士の人間関係にも溝ができてしまう可能性もあります。保護者の保育者を見る目がマイナスイメージへと変わってしまわないようにするためにも、その場で両者が納得できるようにします。
　保育参観は、保育者がふだん子どもたちとどのようにかかわっているのかを試される場でもあります。

一件落着！　握手で仲直りだね　ホッ

4-(7) 個人懇談 Case㉓㉔

聞きじょうずになろう!

　個人懇談は、保育者と保護者が一対一で、子どもについて話し合う場です。保育者が子どもについて思っていることや、気になる日ごろのようすを話したり、保護者の思っていることや、子育ての不安などを聞いてあげたりしながら、懇談を進めていきましょう。

Case㉓
「園ではどうなんでしょ」
「えーと…どうだったかな?」
「はぁ…まぁ…その…」

Case㉔
「ち、ちょっと落ち着きがないですね」
「あ! あと少し強引なところも…」
「うちの子そんなに問題児?!」
ガーン!!
そう―!

😟 どうしよう?

Case㉓　印象が薄い子どもの保護者からの質問に対して、うまく答えることができない。　▶ アドバイス A㉓

Case㉔　子どもの欠点ばかりを指摘してしまい、保護者に不安やショックを与えてしまった。　▶ アドバイス A㉔

😊 次頁へ☞

Case 73 のときは… Advice 73

記憶よりも記録

ふだんから子どもの姿を少しずつ記録しておくと、懇談前になって何を話そうかとあせることもなく、記録を見直しながら、子どものがんばりや日ごろの姿を把握することができます。記憶に頼らず、記録を残していきましょう。

実践アドバイス

園ではおとなしくてあまり目だたない子どもでも、保護者にとってはいちばんの存在です。保育者はクラスの子どもたちすべてを気に留め、常にようすを観察しなければなりません。子どもの成長過程を知るためにも、ぜひ記録を書きましょう。

保育が終わってから記録を書こうとしても、細かいことは忘れてしまいます。保育者のポケットに小さなメモ帳などを入れておいて、気がついたときにすぐ書き込めるようにしておきましょう。

Case 74 のときは… Advice 74

保護者の思いを感じながら

欠点ばかりを話しすぎると不安をあおります。初めは子どものがんばりを伝えましょう。だれでも褒めてもらうとうれしくなり、気分も良くなります。話の流れの中で保護者の反応を観察しながら、ポイントを絞って話すようにするとよいでしょう。

実践アドバイス

うまく話し合いをするためには、聞きじょうずになることです。一方的に保育者が話すばかりでは、保護者が何を思っているかがわかりません。まずは保護者の思いを感じ取ることで、話すべきことや話の持っていき方が見えてくるでしょう。

保護者は、子どもが園でちゃんと過ごしているのか不安に思っています。心配しなくてもだいじょうぶということを伝えて、話が盛り上がったところで、気になっていることを聞いてみましょう。

4-(8) クラス懇談会 Case ㊆㊇
保護者交流の雰囲気づくり

クラス懇談会は、保育者と保護者、日ごろあまり話をしていない保護者同士の、交流の場でもあります。年間を通してかかわることになる者同士ですので、保育者やクラス委員が架け橋となって、クラスをまとめていきましょう。

Case ㊆

「先生はどうお考えですか?」

「……」

「なかなか意見がでないわね〜」

「あっ、はいっ、あの…」　えっ　Case ㊇

😥 どうしよう?　　　　　　　　　　　　　　　　　　　　😊 次頁へ

| Case ㊆ | 保護者同士が知り合ってからまだ日が浅く、ギクシャクした雰囲気がする。 | ▶ アドバイス A㊆ |
| Case ㊇ | 保護者から担任としての意見を求められたときに、うまく答えられない。 | ▶ アドバイス A㊇ |

Case75のときは… アドバイス75

😊 お互いをよく知るためのサポートを

話し合いがスムーズにいくように、あらかじめアンケートを取っておいてもいいですね。それぞれの保護者が何を求めているかがわかりやすくなります。時期にあった内容を考えて、懇談会に備えましょう。

実践アドバイス

初対面に近い人同士が集まっているのですから、いきなり打ち解けた雰囲気にならないのは当然です。まだ入園・進級から間もないころは、保育者の自己紹介から始めましょう。このクラスを受け持って、これからどんなことをしたいのか、方向性も知らせましょう。その後、保護者ひとりひとりに自己紹介をしていただき、思っていることを話し合える場にしていきます。

保育者は出しゃばりすぎず、意見交換のサポートをしましょう。

「アンケートによりますと…」

Case76のときは… アドバイス76

😊 軽はずみな返事はしない

内容によっては、自分ひとりでは判断できないこともあります。まちがったことを伝えては保護者の信頼を失ってしまうので、「この件につきましては、園長と相談してみます」「後日あらためて答えさせていただきます」などと、即答を避けましょう。

実践アドバイス

保育者として経験不足ということもあるでしょうが、まだクラスの子どもたちすべてを把握しきれていなかったり、行事も消化していない時季だったりすると、答えようのない場合もあるでしょう。わからないことをあいまいに返答するよりも、「勉強不足でわかりません」と、正直に答えたほうが誠実ですし、その後の対応さえしっかりしておけば、かえって保護者からの信頼も得られます。大切なのはその場をごまかすことではなく、自分の課題とすることです。

「後で園長と相談してみます」
「よろしくお願いします」

実践シミュレーション4　一年間の保育の流れ

4-(9) こどもの日 Case㊼㊽
意味のある行事にしよう!

　5月5日は端午の節句、「こどもの日」です。4月ごろからこいのぼりを立てたり製作したりして、行事に親しむ園が多いでしょう。子どもたちに意味や由来も知らせて、思い出に残る楽しい行事になるようにしましょう。

（せんせい！なんでこいのぼりたてるの？）Case㊼

（はて？どうしてだろう？）

（あたしおんなのこだからいらない！）Case㊽

どうしよう？

Case㊼ 子どもが行事に興味を持ち、意味や由来を尋ねてきたのに、うまく答えられなかった。 ▶ アドバイスA㊼

Case㊽ 女の子に対して、なじみの薄い行事のことをどうとらえさせるのか、こどもの日の集いでどんな活動をしたらよいのかがわからない。 ▶ アドバイスA㊽

Case 77 のときは… Advice 77

😊 保育に自信を持つためにも

行事にはそれぞれ、意味や由来があります。なんのために行なうのかを知ることで、子どもは興味を持って行事に取り組むようになっていきます。保育者にとっても、なぜこの活動をさせるのかがわかり、保育に自信を持つことができるでしょう。

実践アドバイス

端午とは、月初めの午(うし)の日を意味しています。中国と日本の風習が合わさり、こいのぼりを立てて人形を飾り、ちまきやかしわもちを食べてお祝いします。昔の中国で「コイが滝を登ると竜になる」と言われていたことから、りっぱな人になるようにと願いを込めて、こいのぼりを立てるようになりました。人形は強さを表し、ちまきやかしわもちは体に免疫を作り、悪病災難を除くためです。

保育者は行事の意味や由来を知り、子どもたちにも伝えていきましょう。

Case 78 のときは… Advice 78

😊 期待を持たせて盛り上げていく

育った家庭に男の子がいないと、経験することが少ない行事ですが、男の子も女の子も関係なく楽しめる内容のものを考えます。こいのぼりやかぶとに親しみを持ち、当日に向かって期待できるように、遊びや環境も整えていきましょう。

実践アドバイス

こいのぼりやかぶとの製作をしたり、実物のこいのぼりの中をくぐって遊んだりして、行事に親しみましょう。こどもの日の集いでは、製作した物を保育室や園庭に飾ったり、こいのぼりを見ながら歌やダンスをしたりして、成長を祝うとともに、楽しく遊べるようにしましょう。

ちまきやかしわもちを食べるときは、のどに詰まらせないように、少しずつ口に入れて、しっかりとかむように伝えます。

4-(10) 園外保育 Case79・80
楽しい遠足にするために

　園外保育(遠足)は、子どもたちが大好きな行事のひとつです。広い場所で思い切り走ったり、動物園や水族館などに行ったりして、楽しく過ごします。
　交通ルールや集団行動でのマナーを学びながら、子どもも保育者も楽しめて、実のある園外保育になるようにしましょう。

😟 どうしよう？　　　　　　　　　　　　　　　　　　　　　　😊 次頁へ☞

| Case79 | 園外保育の計画をたてるように言われたが、イメージがつかめない。 | ▶ アドバイス A79 |

| Case80 | 公共の場所でのマナーや乗り物酔いなど、楽しみよりも心配事の方が多い。 | ▶ アドバイス A80 |

Case79のときは… Advice 79

😊 当日を想定した下見

必ず下見に行くと思いますが、ひとりで行くことはほとんどないでしょう。先輩に教えてもらいながらしっかりと学び、イメージをつかみましょう。写真やメモ、利用する施設の配布物や資料、利用駅の時刻表などもあれば、役にたちます。

実践アドバイス

目的地に着くまでのルートと時間、電車の乗り換え、駐車場やトイレの場所、遊ぶ場所、お弁当を食べる場所、危険な場所はないかなど、実際に歩いて見て回り、帰りのルートもチェックします。万一のときのために、現地の近くに病院があるかどうかも確かめておきましょう。

下見でしっかりと場所やルートを把握しておくと、園外保育当日のイメージがしやすくなります。活動時間と移動時間を考えて、自分なりに園外保育の計画をたててみましょう。

Case80のときは… Advice 80

😊 やるべきことをやっておく

当日までに、電車の乗り降りのしかた、車内では静かにすること、階段の上り下り、右側通行、ふたり組での歩き方、横断歩道の渡り方など、社会のルールを知らせて十分に練習しておくとともに、職員間でも綿密に打ち合わせをしておきましょう。

実践アドバイス

園のろうかや階段、保育室の入り口、近所の散歩に行ったときなどを利用して、子どもたちと練習してみましょう。ほかのクラスと協力して行なうなど、園全体で社会のルールの共通理解に取り組むようにするのもよいでしょう。

乗り物酔いをする子どもは必ずいます。座席を視界の良い前方にして、歌や手遊びなどで少しでも気が紛れるようにしますが、酔ってしまったときのために、新聞紙とポリ袋も必ず用意しておきましょう。

4-(11) プール開き Case 81 82
プール遊びが始まるよ

　夏のプール遊びでは、子どもたちが全身をぬらしたり水の感触を楽しんだりして大喜びです。プールはとても気持ちが良いものですが、怖い面もあります。
　水を怖がる子どもや、見学している子どもに対する配慮も欠かせません。みんなで楽しく遊ぶためには、プールでのルールを守り、保育者がしっかりと目を光らせておきましょう。

😟 どうしよう？

| Case 81 | 水を怖がったり水がかかるのをいやがったりして、プールに入ろうとしない。 | アドバイス A81 |
| Case 82 | 体調が悪くてプールサイドで見学している子どもが、たいくつしてしまう。 | アドバイス A82 |

Case 81 のときは… Advice 81

😊 プールの楽しさを見つけられるように

最初は水深を浅くして、体に水をかけておふろ屋さんごっこや、水の中を歩いたり走ったりして、無理のないようにしましょう。入水すらいやがる場合は、プールサイドでみんなのようすを見せて、時々誘いかけてみましょう。

実践アドバイス

プール遊びを始める前に、園庭での水鉄砲やジュース屋さん、保育者がホースでまいた水の下をくぐる遊びなどで、少しずつ水に慣らしていきます。

それでも大きなプールには入りたくないと言うかもしれません。プールサイドにタライやビニールプールを用意して、中にスーパーボールなどを浮かべておきましょう。プールに入らなくても遊びの時間をいっしょに過ごせるようにして、プールに興味を示したら誘ってみます。

「おふろ屋さんだね!」

Case 82 のときは… Advice 82

😊 いろんな形で遊びに参加

保育者の手伝いをやってもらってもいいですね。ぬれていない浮き輪やビーチボールを投げ込んだり、ゲーム遊びに使う物を運んだりするだけでも、自分も遊びに参加しているという気持ちになれるでしょう。

実践アドバイス

見学でも楽しめたという気持ちが持てるように配慮することが大切です。プールサイドの日陰やパラソルの下で、スーパーボールすくいやペットボトルシャワーなどをして、ぬれないように遊んだり、子どもたちが休憩のためにプールサイドに上がったら、プールに向かって水鉄砲で水をどこまで飛ばせるかをやってみたりしましょう。

遊びが終わったら、がんばったことを必ず認めてあげて、満足感が得られるようにします。

「はーい!いくよー!」
「浮き輪を投げて〜!」

実践シミュレーション④　一年間の保育の流れ

4-(12) 敬老の日 Case 83・84
おじいちゃん・おばあちゃん、大好き!

核家族で、おじいちゃん・おばあちゃんと遊ぶ機会が少なく、高齢者の方との接し方にとまどう子どもたちが増えています。敬老の日の集いなどで園に来られた高齢者の方から遊びを教わったり、いっしょに歌をうたったりして、日ごろなかなか体験できない交流を楽しみましょう。

どうしよう?

| Case 83 | 自分のおじいちゃん・おばあちゃんが来てくれない子どもが、寂しそうにしている。 | アドバイス A83 |
| Case 84 | ふだん高齢者の方との交流がない子どもが、催しに参加するのをいやがる。 | アドバイス A84 |

Case83のときは… アドバイス83

😊 みんなで楽しめる遊び

子どもたち全員の祖父母が園に来てくれるわけではないので、事前にしっかりと話し合っておきましょう。当日は、ほかのおじいちゃん・おばあちゃんたちとも楽しく遊べるような内容の遊びを考えておきましょう。

実践アドバイス

祖父母が遠くに住んでいるなどの理由で、自分のおじいちゃん・おばあちゃんが来てくれない子どももいるでしょう。「敬老の日」は、世の中すべての高齢者の方に敬意を持ち、長生きをお祝いする日であることを伝えて、ほかのおじいちゃん・おばあちゃんとも交流できるようにします。
『ロンドン橋』のようにたくさんの人数でいっしょに遊べるものや、おじいちゃん・おばあちゃんから昔の遊びを教えてもらうなどして、みんなで楽しめるようにしましょう。

Case84のときは… アドバイス84

😊 楽しそうな雰囲気

参加をいやがる子どもは保育者のそばに置き、しばらくようすを見ましょう。保育者が遊びの場を盛り上げて楽しい雰囲気を演出することで、自分もやってみたいと思うかもしれません。

実践アドバイス

核家族化が進み、高齢者の方と過ごす機会が少ない子どもが増えていますが、きっかけさえあれば子どもは喜んで遊び始めるはずです。
おじいちゃん・おばあちゃんから教わる遊びは、子どもたちにとって新鮮で、中には達人の技を披露してくださる方もいらっしゃるでしょう。子どもたちが興味を持ち、尊敬のまなざしを向けるようになるのに、そう時間はかからないと思います。
保育者は、高齢者の方の引き立て役に徹しましょう。

実践シミュレーション④　一年間の保育の流れ

4-(13) 運動会 Case 85 86 87 88
成功の秘けつは、日ごろの保育から

　いよいよ大きな行事、運動会です。日ごろから遊んでいるリズム遊びや運動遊びなども取り入れながら、内容を考えていきましょう。
　4月からやってきた保育の成果を発揮する場でもある運動会を経験した後は、グンと成長した子どもの姿が見られます。

Case 85	運動会の練習に参加するのをいやがったり、競技内容に興味を示さなかったりする。	▶ アドバイス A 85
Case 86	説明の段取りが悪くて、子どもの集中力がとぎれてしまい、練習中にダラダラとしてしまう。	▶ アドバイス A 86
Case 87	決められたコースを通らないなど、競技の途中でずるをしてしまう。	▶ アドバイス A 87
Case 88	マナーが悪く、競技場内に入って撮影をするなど、ルールを守らない保護者がいる。	▶ アドバイス A 88

実践シミュレーション ④　一年間の保育の流れ　129

4-(13) 運動会
成功の秘けつは、日ごろの保育から

Case 85 のときは…
Advice 85

😊 日ごろの保育を生かす運動会
練習内容が子どもにとって新しいことばかりだと、不安に思ったり、気持ちが前向きにならなかったりする子どもも出てくるでしょう。日ごろの運動遊びをヒントに、競技内容を考えてみましょう。

実践アドバイス
運動会が近づくにつれて、保育者自身が無理をして、"運動会を成功させるための保育"を行なってはいないでしょうか？　日常保育が楽しくなければ、子どもたちはついてきてくれません。運動会は、日ごろの保育の延長線上にあると考えましょう。

子どもに自信を持たせることも大切です。少しでも意欲的な姿が見られたら、大げさなくらいに褒めてあげましょう。練習の後でがんばったことを認めてあげるだけでも、取り組む姿勢がずいぶん違ってきます。

Case 86 のときは…
Advice 86

😊 ポイントを押さえてメリハリを
子どもに説明するときは、何を伝えたいのか明確にして、メリハリをつけましょう。間延びすると、それだけでやる気がなくなってしまいます。きょうのねらいを決めて取り組み、できるようになったら次回の目標を子どもたちに知らせましょう。

実践アドバイス
自分自身に置き換えて考えてみましょう。長い話をダラダラと聞かされると、きっと集中力もとぎれて、相手が何を伝えたいのかがわからなくなってしまいます。子どももいっしょです。内容は簡潔に、声にも力を入れて伝えるようにしましょう。

みんなで共通の目的意識を持つためにも、練習のたびに目標を伝えていくとよいでしょう。経験の浅い保育者にとってもある程度の目安がつき、安心して本番を迎えられます。

Case87のときは… Advice 87

😊 本人のためにも厳正に

当日までの練習で、ルールも十分に理解できているはずです。よく見極めて、あきらかなルール違反なら、見逃すのは本人のためにも良くありません。ずるをしたら元のコースに戻してやり直すなど、厳正に対処しましょう。

実践アドバイス

競争に勝ち負けはつきもので、だれだって勝てばうれしいし、負ければ悔しいものです。だからといって、勝ったように見えてもルールを守っていなければ、それは負けること以上に恥ずかしいということを、日ごろから知らせていきましょう。また、たとえ負けたとしても、この次は勝てるようにがんばろうという気持ちを持てるように、励ましてあげることも大切です（79ページアドバイス㊳参照）。子どもにとって勝ち負けが意味のあるものになればいいですね。

Case88のときは… Advice 88

😊 放送でも全員に呼びかける

そのつど保護者に声をかけ、子どもたちが競技に集中できないのでやめてもらうように促しましょう。放送でも呼びかけて、それでも続くようなら競技の開始を見合わせるくらいのことを示してみましょう。

実践アドバイス

事前の手紙やはり紙などで、撮影禁止や立ち入り禁止の場所などを知らせますが、こういう保護者は自分の子どものことで頭がいっぱいで、全体のことは考えていません。ひとりの行為でみんなが迷惑していることを、はっきりと伝えましょう。

また、ひとりだけだからと見逃していると、入ってもいいんだと勘違いする保護者がどんどん増えてしまいます。子どもたちに対しても示しがつかなくなるので、最初から毅然とした態度で臨みましょう。

4-(14) 作品展 Csae(89)(90)

テーマが決まれば道は開ける

芸術の秋に作品展を予定している園は多いでしょうから、2学期は運動会と合わせて大きな行事が続き、保育者にとってはけっこう忙しい時季です。

心身共に成長した子どもたちが、さらにステップアップするのが発表会ですが、個性を大事にしながら、のびのびと表現できる機会にしてあげたいものです。テーマさえしっかりしていれば、やるべきことも見えてくるはずです。

どうしよう？

次頁へ

Case(89)	テーマをどう決めたらよいのか、作品作りは何から始めたらよいのかがわからない。	▶ アドバイス A(89)
Case(90)	友達に影響されて、自分のほんとうに作りたいものがなかなか決められない。	▶ アドバイス A(90)

Case㊽のときは… Advice 89

😊 イメージしやすいテーマで

4月からの保育を振り返り、印象に残っている遊びやでき事などからテーマを決めます。テーマに合わせて作りたいものをイメージして、まずは個人作品から作り始めます。数人から全員で取り組む共同製作などは、後で取りかかりましょう。

実践アドバイス

95ページアドバイス㊱でも述べたように、子どもたちのテーマのとらえ方はさまざまです。テーマはできるだけ広くとらえられる内容のものにし、子どもなりの理屈が合っているようなら良しとしましょう。

最初から園全体でテーマが決まっているような場合は、早い段階で作品作りに取り組めるでしょう。体調を崩した子どもがいて、長く休んだために作品が作れませんでした……ということにならないように、個人作品は先に作っておきましょう。

> みんなで動物園に行ったよね
> ぞうさんいたよ!
> ぱんだみた
> ぼくらいおん

Case㊿のときは… Advice 90

😊 ヒントを探して誘ってみる

迷っているようなら、ほんとうに作りたいものは何か、じっくりと話を聞いてみましょう。子どもが興味を持っていることや、好きな遊びからヒントを探します。結果的に友達と同じものになったとしても、それはそれでかまいません。

実践アドバイス

製作が苦手な子どもにとってはイメージがわきにくいのかもしれません。たくさん話をする中で、子どもの反応を探っていきましょう。作り始めてからもようすを見ながらことばがけをして、子どもの製作意欲を高めていきます。また、97ページアドバイス㊱でも述べましたが、共同製作に参加していない子どもが出ないように、保育者がある程度役割分担を決めてあげる必要もあります。

製作物ができ上がっていくにつれて、展示方法も考えておきましょう。

> どんなものに乗ってみたい?
> えーっとねえ

実践シミュレーション4 一年間の保育の流れ

④-⒂ お楽しみ会 Csae91 92

サンタさん来るかな?

「さんたさんって、ほんとうにいるの？」と聞いてくるなど、サンタクロースのことを半信半疑に思っている子どももいます。クラスや園全体で、ツリーやお手紙、プレゼント入れなどを用意して、雰囲気づくりに努めましょう。クリスマス（お楽しみ）会の演出しだいで、「さんたさんがほんとうにきた」と信じてくれます。子どものときだけに許される夢を、思う存分味わえるようにしましょう。

どうしよう？ 次頁へ

Case91	サンタクロースを信じていない子どもがいて、サンタクロースが来るかどうかで、友達と言い争いになってしまう。	アドバイス A91
Case92	クリスマス会の内容は、クリスマス本来の意味を考えてまじめに取り組むべきなのか、ただ単に楽しむ会だけにしたほうがよいのか。	アドバイス A92

Case 91 のときは… Advice 91

😊 サンタが来てくれるといいのにな

どうして信じないのか、原因を探ってみましょう。現実的な保護者や宗教上の理由で、「サンタなんていない」と聞かされているのかもしれません。保育者が「サンタさんが来たほうがうれしいでしょ」などと言葉をかけ、保護者にも理解を求めましょう。

実践アドバイス

サンタクロースを信じていない子どもでも、ほんとうは来てほしいと願っているのではないでしょうか？ ほかの子どもたちも含めて、当日までは半信半疑であってもかまいません。参加した後で、「ほんとうにいたかも？」と思ってくれたら十分です。

それでも信じない子どもがいるかもしれませんが、だれかからプレゼントがもらえたり、楽しいひとときを過ごしたりしたことは、その子どもにとって、なによりの思い出として残っていくはずです。

Case 92 のときは… Advice 92

😊 子どもたちが笑顔になる会に

それぞれの園の方針にもよりますが、子どもたちの心に残る会にしたいですね。保育者らの楽器演奏やお話でムードを演出し、ダンスや歌、簡単なゲームなどをして、楽しく盛り上がるのもよいでしょう。最後はサンタの登場で、みんなが笑顔に。

実践アドバイス

教会やお寺が運営している私立園なら、そこの方針に従います。それ以外の一般的な園の場合は、基本的に"子どもたちが楽しめる会"というとらえ方でよいでしょう。日本では、あまり宗教的な意味合いにこだわらずに、クリスマスの良い部分だけが受け入れられてきたのだと思います。

クリスマスの意味やサンタクロースの由来を知ることで、子どもたちが優しさや思いやりの気持ちを持つきっかけになるのであれば、それも意味のある内容と言えるでしょう。

4-⑯ もちつき Csae㊓㊔
みんなでペッタン楽しいよ

　年の瀬に行なう、うすやきねを使ってのもちつきは、昔から親しまれてきた風景です。今では家庭で目にすることが少なくなりましたが、もともとは、正月に家族みんなが幸せで、望みがかなうように願うためのものでした。大人も子どももみんないっしょに、伝統文化にふれる大切な場です。

えっあっっ　今もち米を用意してると思います

じゃあ始めましょうか？

Case㊓

蒸すんだっけ？

ねえねえなにするの？

Case㊔

😟 どうしよう？

| Case㊓ | もちつきをするときの段取りがわからず、いつも言われたとおりのことしかできない。 | ▶ アドバイス A㊓ |
| Case㊔ | もちつきをして楽しむだけではなく、子どもたちに日本の伝統文化を伝えたり、食育についての意識も持たせたりしたい。 | ▶ アドバイス A㊔ |

😊 次頁へ

Case 93 のときは…
Advice 93

😊 みんなの行動を予測して気配りを
安全面や衛生面への配慮をしながら、準備やかたづけ、もちつきのようすが見られる場所の確保など、保育者がやるべきことはたくさんあります。みんなが楽しく安全に楽しめるように、先を見越して動けるようにしましょう。

実践アドバイス
　もちをつくことや丸める作業は保護者の方や子どもたちに任せるとして、保育者は裏方に徹しましょう。
　口に入れる物なので、衛生面には十分に気をつけます。手洗い場、おもちを丸める机などは消毒しておき、手は石けんで念入りに洗いましょう。
　うすは広い場所に置き、ついているときに入ってはいけない範囲を決めます。子どもたちと、危険な場所に近づかない約束もしておきましょう。熱いお湯や蒸したもち米を運ぶときも、必ず周りに声をかけます。

Case 94 のときは…
Advice 94

😊 由来や作り方を知ることが食育の始まり
もちつきを始める前に、由来を知らせましょう。うすやきねなどの道具の紹介や、もち米を蒸してつくことでおもちに変わることなどを知らせて、日本の食文化への興味や、正月を迎えるにあたって期待が持てるようにしましょう。

実践アドバイス
　最近ではもちつき器を使ったりお店で買ってきたりして、きねでついておもちを作るようすを見る機会が少なくなりました。昔ながらのもちつきの楽しさを、存分に経験させてあげましょう。
　食育の一環として、園庭にバケツなどを置いてお米やもち米を育てて、もちつきのときに混ぜてみてもいいですね。自分たちで育てて収穫し、さらにおもちを作って食べれば、食べ物に対する感謝の気持ちが、しぜんに芽生えることでしょう。

実践シミュレーション④　一年間の保育の流れ

4-(17) 発表会 Case ⑨⑤⑯
クラスとしての一体感

　劇遊びや歌、楽器遊びなど、今まで取り組んできたことを発表します。保育者と子どもたちが出会い、今までいろいろな経験を積んできました。クラスがひとつになったことを実感できるような場にしたいものです。子どもたちが元気良くのびのびと表現できるように、保育者もがんばっていきましょう。

😟 どうしよう？　　　　　　　　　　　　　　　　　　　　　　　　　　　😊 次頁へ☞

| Case ⑨⑤ | 練習中にふざける子どもがいて、ほかの子どもたちが練習に集中できない。 | ▶ アドバイス A⑨⑤ |
| Case ⑨⑥ | 保育者がやりたいと思った内容に無理があり、子どもたちがついてこない。 | ▶ アドバイス A⑨⑥ |

Case 95のときは… Advice 95

😊 練習が終わったらいっぱい遊ぼう
ほうっておくと、悪乗りしてますます集中できなくなります。練習から外してしまうくらいの態度で、保育者の意志を示しましょう。また、練習づけになるとだんだん飽きてきてしまいます。練習後は、思い切り遊べるようにしましょう。

実践アドバイス

劇遊びがおもしろくない、飽きてきたなど、ふざける子どもにも理由があります。練習中は励ましたりいいところをどんどん認めてあげたりしながら、意欲を高めていきましょう。ふざけ方がひどいときは練習から外して、ほかの子どもたちががんばっている姿を見てもらいましょう。

時間が長くなると、集中力がなくなる子どもも増えてきます。同じ場面を何回も繰り返して練習したり、遊ぶ時間を削ってまで練習したりするのは避けましょう。

Case 96のときは… Advice 96

😊 主役は子どもたち
発表会は、保育者が自己満足するための場ではありません。主役はあくまでも子どもたちです。子どもたちの意見も聞きながら、クラスの実情に合った、見ている側も楽しめるものを目ざすようにしましょう。

実践アドバイス

劇を決めるときはいくつか絵本を読んで、子どもたちの反応を見ましょう。また、ふだんの遊びの中で子どもたちが興味を持っているものを選び、そこから考えていってもいいですね。せりふを言ったり登場するものに変身したりして、簡単なごっこ遊びから始めてみましょう。

出し物が決まったら、絵本を読みながら、子どもたちといっしょに動きやセリフなどを考えます。台本ができたら、一度園長先生や先輩保育者にも読んでいただきましょう。

4-(18) 一日入園 Csae(97)(98)

園の良いところをアピール

来年度の春に入園予定の子どもたちを園に招待して、いっしょに楽しく遊ぶ一日です。在園児のかかわり方、園内のようすや環境など、保護者の方もいろいろ観察されると思います。「ぜひこの園に通わせたい」と思ってもらえるといいですね。

どうしよう?

次頁へ

Case(97)	未就園児がたいくつそうに見ていたり、帰りたがったりしている。	アドバイス A(97)
Case(98)	見学に来た保護者が目を離している間に、子ども同士のトラブルやけががあった。	アドバイス A(98)

Case 97 のときは… アドバイス97

😊 いっしょに遊んで盛り上げる

集団生活の経験がない未就園児には、在園児の出し物をずっと見ているだけの集中力はまだありません。いっしょに楽しめる簡単な手遊びや大型絵本など、何か引きつけるもので遊び、子どもたちの気持ちを盛り上げていきましょう。

実践アドバイス

園に慣れていない未就園児は、緊張していることもありますが、出し物を見ているだけではおもしろくありません。砂場や三輪車、スケーターなどで在園児といっしょに遊び、みんなで楽しめるようにしましょう。

保育者は未就園児たちの遊ぶ姿を見て、来年度に備えましょう。全員を把握するのは無理ですが、どんな遊びをしているか、何に興味を持って遊んでいるのか、どのくらい人とのかかわりが持てるのかなど、いっしょに遊びながら観察しましょう。

Case 98 のときは… アドバイス98

😊 落ち着いて対処する

もしけがをしてしまったらすぐに手当てをして、保護者に詳しい状況を説明するとともに、集団生活では子どものけんかやけがはつきものであることや、きちんと保育者が対処していることも知らせましょう。

実践アドバイス

話に夢中になって、子どもに目が行き届いていない保護者もいます。園に遊びに来ている間は、保護者の責任のもとであっても、いざというときのために、保育者はしっかりと対応できるようにしましょう。

状況を説明するときは、保護者同士、または保護者と園の間でのトラブルに発展してしまわないように、十分な気配りが必要です。だれのせいでこうなったのかなどと責任を追及するのではなく、起こったでき事を冷静な目で判断して伝えます。

4-⑲ 修了式・卒園式 Csae⑨⑨⑩⓪

「おめでとう」そして「ありがとう」

年長児にとっては最後の行事です。数年間園に通って成長した子どもたちの姿を、しっかりと保護者に見てもらいます。最後にふさわしい式になるように、修了児も在園児も、心の込もった言葉や歌が贈れるようにしましょう。

担任を務めた保育者にとっても、保育の集大成となります。感傷的な気持ちにもなるでしょうが、前を向いて、できれば笑顔で送り出してあげましょう。

どうしよう？ 次頁へ

Case⑨⑨ 在園児が心からお祝いできるようにしたいが、卒園の意味がわからずにキョトンとしていたり、友達とクスクス笑ったりする。 ▶アドバイス A⑨⑨

Case⑩⓪ 卒園する子どもたちに対して、自分は十分な保育ができていたのか、自信が持てない。 ▶アドバイス A⑩⓪

Case 99 のときは… アドバイス 99

😊 卒園するということは……

自分たちが大きい組になるのといっしょで、年長児が一年生になることや、園とさようならするための式をすることなど、年長児たちが卒園するというのがどういうことなのか、わかりやすく話をしておきましょう。

実践アドバイス

修了式（卒園式）には独特の緊張感があり、子どもにはたいくつなものです。特に初めて経験する3歳児にとっては、なんのためにやっているのか、意味がよくわかっていないのかもしれません。式の間の約束事を守りながら、元気良く歌をうたったり言葉を伝えたりして、3歳児なりの参加ができればよいでしょう。

いずれ在園児たちも、同じように卒園していきます。そのときになって初めて、うれしいような寂しいような、複雑な感覚を知るのでしょう。

「もうすぐ年長組さんは卒園して一年生になります」
「そつえん？」

Case 100 のときは… アドバイス 100

😊 経験を生かすことで成長する

完璧な保育者などいません。責任感からそう思えるようになったのならば、保育者として成長したあかしです。子どもたちも、いろいろなことを学んでいるはずです。子どもたちといっしょに過ごした経験を、来年度に生かせるようにしましょう。

実践アドバイス

子どもたちと同じように、保育者だって日々成長しているのです。何もわからずに夢中で保育を行なっている間は、いちいち振り返っている余裕などなかったはずです。

修了式（卒園式）という区切りを迎えるにあたって、じっくり整理をしてみましょう。今年度保育者としてできなかったことは、来年度にはがんばれるよう目標を持ちます。毎年ノートなどに記録しておくと、自分にとっても、後輩ができてアドバイスするときにも、役にたつでしょう。

「けんか」「お遊戯」「運動会」「仲間」「発表会」
「いろいろあったなぁ」

実践シミュレーション 4　一年間の保育の流れ

付録 1
いざというときのために！

監修・鈴木 洋
（小児科医）

けがや異変
対応と応急処置

どんなに安全に配慮していても、けがや事故は起きてしまうかもしれません。大切なことは、そのときの対応です。状況や症状を知っていれば応急処置のできることもあります。

病気に関しても、家庭でかかったものが、園で症状が出るといったことがよくあります。これらの状況に、園でできることや対応を知っておきましょう。

＊鼻血

- 額から鼻にかけて冷やして安静にさせます。
- 口にたまった血は吐き出させます。
- 寝かすときは上向きにせず、出血したほうの鼻を下に、横にします。
- しばらくしても鼻血が止まらない場合は病院へ。

＊打撲

- 軽い打ち身の場合はすぐに患部を冷やし、安静にします（傷があれば処置し、ガーゼで保護した上から冷やします）。
- 頭や体の大切な部分の打撲は、次の項目をチェックして病院へ行くことも。
- 顔色やようすは？　意識は？　泣き方は？
- 吐いていないか？
- 出血は？

※骨折のおそれのあるときも病院へ。

＊擦り傷・切り傷

- 傷口についた汚れ（土や砂、血など）を流水で洗い流した後、消毒します。
- 必要なら、ガーゼや救急ばんそうこうで保護します。

＊ねんざ

- 冷やします。
- ねんざした所を動かさず、高く保っておきます。

✳︎ 誤飲

○ 保育者の腕やひざに子どものみぞおちを乗せ、背中（肩甲骨の辺り）をたたいて吐き出させます。
● 取り出せない場合や薬品などの異物の場合は、すぐに救急車の依頼を！

✳︎ 発熱

○ 冷やして、安静に寝かせます。

熱性けいれん

38℃以上の熱があり、全身をけいれんさせていれば疑います。多くの場合、数分でしぜんに治まりますが、次のことに注意してようすを見ます。
○ けいれんの時間。
○ 体の震え方が左右対称か。
● 治まったら、医師の診断を受ける。
● ようすの詳細を保護者に知らせる。
※ 耳もとで叫んだり、揺り動かしたりしない。
※ 口の中に物を突っ込まない。

✳︎ とげ

○ とげは、先の出ているものは抜きます（入った方向をよく見て）。
○ 抜いた後は消毒します。
● 深く入ったものや、中で曲がったものは、無理をして取るのはやめ、病院へ。

✳︎ 目に異物が入った

○ 小さな虫や砂などが入ったときは、こすらず、涙で流れ出るまでようすを見ます。
○ 出なければ、真水で洗い流します。
● 大量に入ったり、目に傷がついたおそれがあったりする場合は病院へ！

Point

保護者への連絡は迅速に、正確に！

ふだんのようすを把握して

各種調査票で子どもの体質や特質などを知ったうえで、ふだんのふれあいのときも、子どもをよく観察しておきます。特徴のある頭の形や体型などを把握しておくと、異変のときの正しい判断に役だちます。

保護者との情報共有が大切

ふだんから、子どもの体質などについて、できるだけ保護者と情報を共有しておきましょう。

薬品類には注意を

薬品類は、園医の先生などの指導を受けて、慎重に扱いましょう。

付録① いざというときのために！

伝染性の病気 予防や対応

伝染性の病気は、症状がはっきり出ていないときでも、また、治まったような後でも、感染力が衰えていない場合があります。うっかり登園すると、あっという間に広がることもあります。

園では個々の病気の症状をよく理解し、流行時期に気をつけて子どものようすを見守ります。また、家庭への理解と協力を促し、感染の予防や広がりを防ぐ努力をします。

発生したら

子どもに症状が認められたら 〜園としての対応も含めて〜

- 家庭に連絡して、すぐに迎えに来てもらいます。
- 出席停止の説明をして理解してもらい、必ず医師の診断を受けてもらいます。
- 医師の許可が出てから登園させることを伝え、了解してもらいます。
- 感染拡大を防ぐためにも、各家庭に連絡して注意を促します。
- クラスや園全体の欠席が多い場合は、休園措置などをとります。

園や学校でよく見られる、出席停止の定められた病気と期間、その基準

学校保健法施行規則として定められたものです。園の対応は、家庭へ、正しい情報を連絡・報告して、理解をうながすことです。

	疾病名と潜伏期間		出席停止期間の基準
第二種 飛沫感染し、流行を広げる可能性が高いとされる伝染病。	インフルエンザ	1〜2日	解熱後、2日を経過するまで
	百日ぜき	1〜2週間	特有のせきが出なくなるまで
	麻しん	10〜12日	解熱後、3日を経過するまで
	流行性耳下腺炎	14〜24日	耳下腺の腫張がなくなるまで
	風しん	14〜21日	発しんがなくなるまで
	水痘	14〜21日	すべての発しんがかさぶたになるまで
	咽頭結膜熱	5〜7日	主な症状消退後、2日経過するまで
	結核		症状により、医師において、伝染のおそれがないと認められるまで

※出席停止期間の基準については、結核以外も医師の判断に負うこともあり、この限りではありません。

予防をしっかり！

感染を最小限にとどめる予防も大切です。園でのうがい・手洗いの慣行はもちろん、家庭に向けても、日ごろから抵抗力のある強い体作りへの呼びかけもしましょう。

うがい・手洗い　　**睡眠をしっかり取る**　　**偏食をなくす**

健康チェックをしっかり！

子どもの体に異変があると、顔色や視線、姿勢、表情に出てきます。特に登園時など、ようすをよく見ておきましょう。保育中はもちろん、保育室全体の雰囲気からも異変に気づくはず。日ごろからの注意が必要です。

頭痛、発熱は？
○インフルエンザ
○流行性耳下腺炎
　（おたふくかぜ）
○咽頭結膜熱（プール熱）

気になるせきをしていませんか？
○百日ぜき　○結核

皮膚の状態は？
発しんはありませんか？
（色、水疱、形）
○風しん　○リンゴ病
○水痘（みずぼうそう）
○麻しん（はしか）
○手足口病　○とびひ

目の充血は？
目やには出ていませんか？
○はやり目
○急性出血性結膜炎

顔色は？
○リンゴ病

おう吐や吐き気は？
※感染性胃腸炎など
（本誌では解説されていません）

腹痛を訴えていませんか？
頻繁にトイレに行っていませんか？

付録① いざというときのために！

伝染性の病気
症状

覚えておこう！

インフルエンザ

ウィルスにはA・B・C型があり、流行は年によって異なります。

症状は、突然の高い発熱や頭痛、全身のけん怠感、筋肉痛や関節痛、食欲不振などのほか、咽頭痛、せき、くしゃみ、鼻水、おう吐、下痢、腹痛などもあります。

百日ぜき

最初、普通のかぜに似たせきやくしゃみが出ます。1〜2週間過ぎるとせきが激しくなり、せきの後、息を吸い込むときヒューヒューと音を立てます。また、顔が赤くなるのが特徴です。

3〜4週間くらいで少しずつ症状が和らぎます。熱は出ません。

麻しん（はしか）

2〜3日は、熱、くしゃみ、せき、鼻水、目やになど、かぜのような症状が出ます。熱が出ていったん下がり、再び高熱が出ると同時に、発しんが全身に出ます。

高熱は4〜5日続き、症状はいっそうひどくなります。伝染力は強く、すぐにうつってしまいます。

風しん（三日ばしか）

はしかに似た症状が出ることから名前がついています。

初期は、ピンク色の発しんが、顔、首、おなかに出始め、耳の後ろや首のリンパ腺がはれます。発しんが全身に広がり、目の充血、のどの痛み、せきなどの症状が出ます。発しんのピークは3日くらいで、後は消えていきます。

結核

初期の症状は、微熱やせき、たんが出るなど、かぜに似ています。症状が進むと、胸が痛くなったり、血たんが出たりします。また、体重が減ることもあります。微熱やせきが長く続くようなら、医師の診断を受けます。

過去のものと思われていた結核が、最近また増加傾向にあります。免疫が低下していたりするときには注意が必要です。

咽頭結膜熱
（プール熱）

39℃ほどの高熱が4～5日続きます。症状は、のどの痛み、せき、目の充血や目やにがあり、頭痛、吐き気、腹痛、下痢が伴うこともあります。

流行性耳下腺炎
（おたふくかぜ）

耳の下(耳下腺)がはれ、痛がります。片方または両方はれる場合があり、1週間前後ではれはひきます。熱が出ることもありますが、3～4日で落ち着きます。

合併症として髄膜炎が心配されます。疑わしいときは、医師の診断を受けます。

水　痘
（水ぼうそう）

赤い発しんが出て、中央に水膨れができます。かゆみがあり、発熱を伴うこともあります。発しんは2～3日がピークで、その後乾いて、黒いかさぶたになります。

平均して1週間くらいで良くなります。

園でよく見られる伝染性の病気

手足口病

夏の病気のひとつです。指、手のひら、足の裏、唇やほおの裏側、舌にまで白い水疱状の発しんが出ます。熱はあまり高くなく、合併症もめったにない軽い病気です。

水疱が破れ潰瘍となり、やがて茶色になって、発病から1週間ほどで消えます。

リンゴ病（伝染性紅斑）

両方のほおや腕に赤い斑点の発しんができ、リンゴのように丸く赤くなります。

発しんの出る前、発熱やかぜのような症状があるころが、いちばん伝染性の強い時期です。発しんはほてりやかゆみ、痛みがありますが、1～2週間で消えて普通に戻ります。

とびひ（伝染性膿痂疹）

細菌による皮膚の感染症で、飛び火のようにパッと広がる症状から名前がきています。

透明な水疱ができて白く濁ってきます。破れるとかゆく、かきむしるので伝染していきます。
※園では、タオルの共用をやめます。

はやり目（流行性角結膜炎）

伝染性の角膜炎と結膜炎が合併したものです。白目が充血し、目やにや涙の症状があります。プールでの感染が多いようなので、プールの一時的な閉鎖も考えます。
※園では、目が触れる物の貸し借りや、タオルの共用をやめます。

急性出血性結膜炎（アポロ病）

はやり目に似ていますが、充血もひどく、まぶたがはれるほか、強い目の痛みや異物感を感じるのが特徴です。
※園では、タオルの共用をやめ、早めに医師の診断を受けるようにします。

■参考文献：『健康・病気のCD-ROMおたより文例～囲みイラストつき～』鈴木　洋・監修　ひかりのくに刊

付録①　いざというときのために！

付録❷
指導計画って何?

指導計画って何を基にして考えるの? 　要領 指針 → ➊ 教育課程 保育課程 → ➋ 指導計画

➊幼稚園教育要領・保育所保育指針から
　教育課程・保育課程へ

　幼稚園教育要領・保育所保育指針には、それぞれに保育者として目ざすべき方向性が示されており、保育のよりどころとなるものです。

　2009年4月から新しい幼稚園教育要領と保育所保育指針がスタートします。幼稚園教育要領では「第1章　総則・第2　教育課程の編成」で教育課程について、保育所保育指針では「第四章　保育の計画及び評価」で保育課程についてのことが、それぞれ述べられています(下図参照)。まずは幼稚園教育要領・保育所保育指針にできるだけ目を通して、保育全体を見通せるようにしておきましょう。

※幼稚園教育要領・保育所保育指針には、指導計画についてふれられているか所もありますが、ここでは指導計画の成り立ちを考えるための順序を示すだけに留めておきます。

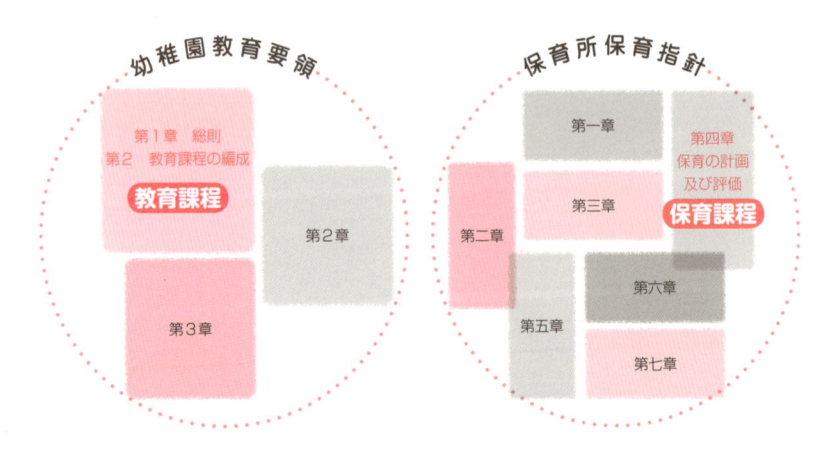

幼稚園教育要領
- 第1章　総則　第2　教育課程の編成 **教育課程**
- 第2章
- 第3章

保育所保育指針
- 第一章
- 第二章
- 第三章
- 第四章　保育の計画及び評価 **保育課程**
- 第五章
- 第六章
- 第七章

2 教育課程・保育課程から指導計画へ

教育課程・保育課程とは、在園期間を通して、各年齢の子どもが育つ道筋の連続性を示した、保育の基盤となるものです。

教育課程・保育課程を基にして、保育実践をするにあたり、より具体化したものが指導計画です。

教育課程

保育課程

0歳　1歳　2歳　3歳　4歳　5歳

園全体の子どもの育ちを見通せる

各年齢で目ざすねらい・内容が中心

教育課程・保育課程を基に指導計画をたてる

指導計画

年間・期の計画　長期

月の計画

短期

週案　日案

3歳児クラスの子どもたちなら…

指導計画には、年・期・月の長期の計画と、週・日の短期の計画があり、長期の計画から短期の計画へと進めていきます。

このような流れで、指導計画を考えていきましょう。

| 指導計画は なぜ書くの? どう生かすの? | 保育とは、ただなんとなく子どもと遊んでいるだけでよいのでしょうか? 保育者は、子どもと楽しく過ごすだけではなく、子どもを大事にしつつ育てていくという視点と見通しを持っていなければいけません。子どもひとりひとりの力を引き出しながら、心身共に健やかな成長を目ざす必要があります。そのための計画が指導計画なのです。 |

どんな仕事にも通じることですが、計画をたてて実践し、うまくいかなかったことは反省します。その反省点を踏まえたうえで、さらに改善した計画をたてて実践する……といったサイクルをイメージしましょう。

計画

まずは…
★子どもの姿は?
それ ぞれ

次に
・ねらいと内容・

よし! これでやってみよう

そして
環境の構成は?
つみき

いっしょに遊ぼう!
保育者の援助は?

実践
指導計画の意図
ずれ
子どもの活動
あれ?
きのうは
やってたのに
なんで??
いやー えほん
みる
ぼく
おそとが
いいな…
…
そうなる
のか…
意外な
発見!!
いっしょに
みようよ!
うん!
反省・評価
あしたはこうしてみよう!
準備不足
だった?
ふむ…
○○くんへ
のかかわり方
は…
○○ちゃんは
けっこう
めんどう見が
いいのね
遊びも
広がっていく
ように…

指導計画のたて方は?

「指導計画をたてる」ということをわかりやすく言い換えると、「みんなと何して遊ぼうかな?」とイメージすることだと言えるでしょう。遊びの内容を考えるためには、154～157ページの「月の計画(週案・日案)の考え方・たて方」→「ポイント」→①②③……と順番に読んで、それぞれの意味や目的を理解しておきましょう。

月の計画の考え方・たて方

それぞれの園には、発達の時期、季節の変化、行事などによってつくりだされる幼児のしぜんな生活の流れがあります。その流れに沿って、幼児が充実した生活を送ることができるように、具体的なねらいや内容、環境の構成を考えます。その際、「ねらい」を身につけるための「幼児の経験する内容」、それに沿った「具体的な環境の構成」という、三者のつながりに留意し、作成することが大切です。

ポイント

「幼児の経験する内容」は多様な活動から考えることが大切です。また、幼児の自然体験や社会体験など、直接的具体的体験を豊かにするために、幼児がさまざまな自然環境、地域のでき事や文化などと出会うことができるように、教育課程や保育課程を踏まえて、長期的な視点を持って計画することが必要です。

①前月末(今月初め)の幼児の姿

前月末の幼児たちの生活する姿の記録を読み直すことから、特に、今までには見られない、この時期に顕著に現れてきた姿をとらえています。ここではクラス全体を見渡し、よく見られる、あるいは共通に見られるなどの姿に絞って取り上げます。

②ねらい

「前月末(今月初め)の幼児の姿」の中で幼児が経験していることをとらえることから、幼児の中に育ちつつあるものや、育てたいことを「ねらい」としています。

※園によって様式は異なります。例として、『月刊 保育とカリキュラム』(2009年4月号/ひかりのくに・刊)より引用しています。

指導計画の種類

教育課程・保育課程→年間計画→期の計画→月の計画→週案→日案と、発達の見通しを持った保育を目ざしていることを忘れないようにしましょう。

長期の計画……年間計画・期の計画・月の計画
短期の計画……週案・日案

※154～155ページでは長期の計画として月の計画を、156～157ページでは短期の計画として週案・日案を例に挙げて、計画のたて方を解説しています。

③幼児の経験する内容(指導内容)

幼児が「ねらい」を身につけていくためには、どのような経験を積み重ねていくことが必要なのか、具体的な幼児の生活に沿って考えていきます。幼児の経験する内容は、保育者の指導する内容でもあります。

ねらいと内容の関係は、教育課程や保育課程で確認します。

④環境の構成と保育者の援助

しぜんな生活の流れの中で、幼児が発達に必要な経験を積み重ねていくために、適切な環境を記入しています。季節などの周囲の環境を取り入れながら、その月のねらいや内容に沿った環境の構成を考えていきます。

なお、年間指導計画を基にして、季節の変化や生活の見通しを確認します。

⑤家庭・地域との連携
(保護者への支援も含む)

その月の園生活を考えるにあたって、家庭や地域との連携で特に留意することを記入します。この欄は、家庭への連絡から、地域環境を生かすことまで、幅広く考えています。

⑥反省・評価

指導計画に基づき実践した後で、保育を反省し、評価するとき、ねらい、環境構成、援助などをどう見直すかについて、具体的に書きます。幼児の姿を具体的にとらえ、ねらいが適切だったかどうかを振り返り、翌月につなげます。

付録② 指導計画って何?

週案の考え方・たて方

前週のねらい、内容、環境の構成、保育者の援助のそれぞれについて反省・評価することが、週案を作成するスタートです。一週間の保育記録を読み返し、心に残る幼児の姿から、「なぜこのような行動を取るのか」「何が育ちつつあるのか」「そのためにどうするのか」などについて検討し、ねらい、内容、環境の構成、保育者の援助を考えます。

ポイント

「内容」は多様な活動から考えることが大切です。さらに内容のひとつひとつについてその内容を身につけるには、どのような環境が必要なのか、幼児の人とのかかわり、物とのかかわりの両面から考えることが豊かな環境をつくり出す第一歩です。

①前週(週初め)の幼児の姿・季節や行事など

前週の幼児の姿を振り返り、心に残るいくつかのでき事の中で幼児の姿を省察します。その際、幼児同士のかかわりに目を向け、その集団としてどのように育っているかをとらえることが大切です。さらに、クラス全体を見渡し、よく見られる、共通に見られることなどに絞って「前週の幼児の姿」として取り上げます。また、季節の変化、行事、地域のようすなど、幼児を取り巻く環境の中で、幼児の生活に影響を及ぼすことを「季節や行事」として取り上げます。

②ねらいと内容

「前週の幼児の姿」の中で幼児が経験していることから、幼児の中に育ちつつあるものや育てたいことを「ねらい」とし、それを幼児が身につけるために経験することを「内容」とします。

③具体的な環境と保育者の援助

幼児が環境と主体的にかかわりながら、「ねらい」や「内容」を身につけていくための具体的な環境を、活動の展開に沿って考えます。

まず、幼児が興味や関心を持って取り組むための環境を人的・物的な環境の両面から考えます。次に、それらの環境にかかわって幼児がどのような活動を生み出すのかを予想します。さらに、生み出した幼児の活動がねらいや内容の示す方向に向かって展開する際、どのような保育者の援助が必要かを予想し、記入します。

④反省・評価

指導計画に基づき実践した後で、保育を反省し、評価するとき、ねらい、環境構成、援助などをどう見直すかについて、具体的に書きます。指導の過程に対する評価を中心に具体的に書き、次週につなげます。

※園によって様式は異なります。例として、『月刊 保育とカリキュラム』(2009年4月号／ひかりのくに・刊)より引用しています。

日案の考え方・たて方

きのうからきょうへ、きょうからあすへの生活の流れを大切に作成します。特に前日の幼児の姿から、ひとりひとりの行動の理解を深め、次の日の幼児の活動の姿を思い描きながら、場のつくり方や、必要な遊具や用具の数やその配置、保育者のかかわりなどを具体的に記入します。

ポイント

遊びを充実させるためには、幼児の動線に配慮した遊具の配置、幼児のあこがれの対象となるモデル、同じ動きを楽しむ共同作業者など、保育者が多様な役割を果たすことが大切であり、環境の構成や保育者の援助について具体的に記入することが必要です。

①ねらい

前日の幼児の姿から、幼児の中に育てたいことを「ねらい」とします。ねらいはさまざまな経験を積み重ね、しだいに身につくものですから、同じようなねらいが何日間か続くこともあります。前日の日案を反省・評価し、週のねらいと照らし合わせ、その日のねらいを検討することが必要です。

②指導内容

その日のねらいを身につけるためには、幼児はどのような経験をすればよいのか、前日の幼児の活動を思い浮かべ、それに沿って具体的に考えます。幼児の経験する内容は保育者の指導する内容でもあります。

③環境を構成するポイント

その日のねらいを幼児が身につけていくためには、あらかじめどのような環境が用意されればよいのか、前日の幼児の活動に沿って具体的に考えます。その際、幼児の興味や関心、遊びの動線が手がかりとなります。

④予想される幼児の活動と保育者の援助

あらかじめ用意された環境にかかわって生み出される幼児の活動を予想し、その活動の展開に沿って幼児がねらいを身につけていくために必要な保育者の援助を記入します。ひとりひとりの興味や関心に沿って考えることが大切です。

⑤反省・評価

指導計画に基づき実践した後で、保育を反省し、評価するとき、ねらい、環境構成、援助などをどう見直すかについて具体的に書き、翌日につなげます。

※園によって様式は異なります。例として、『月刊　保育とカリキュラム』(2009年4月号／ひかりのくに・刊)より引用しています。

付録③ \新任保育者へ/
先輩保育者からのメッセージ

現役の先輩保育者の方々から、幼稚園・保育園で奮闘中の皆さんへの応援メッセージをいただきました。

好きなことや楽しいこと、得意なことを見つけましょう

保育者として仕事をしていく中で、良いことも悪いことも、いろいろなことがありますが、わたしの気持ちのリセット方法は、意外にもおたよりや経過記録を書くことでした。子どもたちのようすや楽しかったこと、おもしろかったことを思い起こして整理するうちに、もんもんとしていた気持ちがすっきり前向きになるのです（慣れるまではやっぱり大変だったりもしますが、そこはお仕事ですから！）。

また、職場の中でも外でも、好きなこと、楽しいことを見つけることが仕事を楽しくするコツだと思います。その中で自分なりの保育の糸口やアイデアがつかめることもあるので、楽しむときは真剣に楽しむことをお勧めします。

わたしは決してできの良い保育者ではありませんが、保育の仕事は楽しいです。その楽しさをこの本を読んでいるみなさんにも味わってほしいなと、心から思います。子どもの笑顔にならって、明るくがんばっていきましょう！

(保育園7年　M.I)

まずは自分が楽しむ余裕を持ちましょう

新任のころは、「子どもたちにこれをやらせなきゃ、させなきゃ」とばかり考えて、それが子どもたちへのプレッシャーとなり、だれも楽しくなく、結果うまくいかず……だったように思います。それが少しずつ、「こんなふうに言ったらおもしろいかな？」「子どもといっしょにこんなことしてみよう」と言い方を工夫したり、遊びを考えたりすることで、自分が保育を楽しめるようになってきました。すると大変に思えることでも、子どもたちが楽しく取り組むようになり、だんだん保育がうまくいくようになってきました。

自分が楽しめば、子どもたちも楽しくなってついてきてくれる。うまくいかないときこそ、楽しむことを忘れずに、がんばっていくことが大切だと思います。

(幼稚園4年・保育園1年　K.S)

相談できる仲間や先輩を見つけましょう

初めてづくしの新任時代は、職場での人間関係、子どもとの出会い、保護者とのかかわりなど、緊張したり気をつかったりの連続でした。そんなわたしにとっては、新人研修会で知り合った同期の保育者仲間との交流の場が、情報交換をしたり、お互いに悩み事を相談し合ったりできる場でした。

疲れがたまって体調を崩すこともあります。体力勝負の世界ですから、しっかり食べて、十分な睡眠を取って、プライベートも充実させていけるようにしていきましょう。

同期の仲間や職場の先輩に相談して、わからないことは自分の中にため込まないようにしましょう。失敗することもありますが、何事も経験して初めて自分のものになっていきます。元気な体と明るい笑顔を心がけてください。

(保育園4年・幼稚園11年　H.N)

自分に自信を持ちましょう

　わたしは一年目からひとりで年少組の担任を任されましたが、そのときは不安な気持ちでいっぱいでした。保育者が不安な気持ちで保育をすると、子どもも不安になります。まずは自信を持ってください。

　常に温かい心と表情で接し、園生活が楽しいと保育者自身が思えるように、意識して取り組んでみてください。それだけで、不思議なほど子どもたちのようすが変わります。子どもは保育者自身の鏡です。がんばってください！

（幼稚園5年　K.M）

ひとりの人間として対等に接しましょう

　新任の先生方、毎日忙しく過ごされているかと思います。特に幼稚園は行事が多く、こなしていくだけでも大変でしょう。

　保育の中では忙しさに追われ、ついクラスひとまとめとして見てしまいがちですが、ひとりひとり大切に育てられ、縁あって出会えた子どもたちです。そういう気持ちを忘れずに、子どもとしてではなく、ひとりの人間として対等な目線で接してほしいと思います。

　そして、なによりも元気を大切に！

（幼稚園3年・小学校3年　A.K）

とにかく笑顔を忘れないようにしましょう

　わたしが新任のころ、自分の保育をほかの先生と比べては情けなく思い、子どもにも保護者の方にも申しわけない気持ちでした。しかしあるとき、園長先生に言われたのです。

　「一年目は、何もできなくてあたりまえ。一年目にできることは体当たりしかないんだから、あれこれ悩まず、とにかく笑顔を忘れない！」

　今思えば、一年目からみんなと同じように……なんてだれも求めていないんですよね。

　きついこともあるかもしれませんが、必ず実を結びます。あまり自分を責めずに、謙虚に勉強するつもりで、笑顔だけは忘れないようにがんばってください！

（幼稚園5年　D.E）

まっすぐに真剣勝負をしましょう

　この仕事は常に真剣勝負で、子どもとまっすぐに向き合わなければなりません。しなやかな心を持った子どもには、うそはすぐにばれてしまいます。しかし、保育者自身に「ほんとうに伝えたい！」という強い気持ちがあるならば、子どももきっとその真剣さを感じ取ってくれることでしょう。

　とてもエネルギーのいる職業ですが、こちらががんばればがんばった分だけ、子どもたちからもしっかりとした反応が返ってきます。

　いつまでも初心を忘れずに、いっしょにがんばっていきましょう！

（保育園3年・幼稚園3年　M.M）

〈監修者〉

神長　美津子（かみなが　みつこ）
東京成徳大学子ども学部教授
「幼稚園教育要領」作成協力者
元・文部科学省初等中等教育局幼児教育課教科調査官

〈著　者〉

永井　裕美（ながい　ひろみ）
保育士・幼稚園教諭として15年間勤務。
『月刊 保育とカリキュラム』2009年4月号（ひかりのくに・刊）より、毎月のおたよりイラスト＆文例ページにおいて、文例・イラスト案を担当。
現在も公立幼稚園で保育に携わる。

〈イラストレーター〉

いわいざこ　まゆ
短大を卒業後、保育士として保育園で5年間勤務。
非常勤で2年半勤めた後、イラストレーターとして保育のイラストや4コマ漫画、造形アイデアを中心に保育雑誌等で活躍中。
現在もアルバイトとして、保育現場で保育に携わる。

〈協力者〉

佐藤　恭子（さとう　きょうこ）

本書のコピー、スキャン、デジタル化等の無断複製は著作権法上での例外を除き、禁じられています。
本書を代行業者等の第三者に依頼してスキャンやデジタル化することは、たとえ個人や家庭内の利用であっても著作権法上認められておりません。

ハッピー保育books②
先輩保育者がやさしく教える
3・4・5歳児担任の保育の仕事まるごとブック

2009年4月　初版発行
2012年8月　9版発行

監修者　神長美津子
著　者　永井　裕美
発行人　岡本　健
発行所　ひかりのくに株式会社

〒543-0001　大阪市天王寺区上本町3-2-14　郵便振替00920-2-118855　TEL.06-6768-1155
〒175-0082　東京都板橋区高島平6-1-1　郵便振替00150-0-30666　TEL.03-3979-3112
ホームページアドレス　http://www.hikarinokuni.co.jp
印刷所　凸版印刷株式会社

©2009　乱丁、落丁はお取り替えいたします。

Printed in Japan
ISBN978-4-564-60737-0
NDC376　160P 18×13cm